吳忠信日記

（1940）

The Diaries of Wu Chung-hsin, 1940

民國日記｜總序

呂芳上
民國歷史文化學社社長

　　人是歷史的主體，人性是歷史的內涵。「人事有代謝，往來成古今」（孟浩然），瞭解活生生的「人」，才較能掌握歷史的真相；愈是貼近「人性」的思考，才愈能體會歷史的本質。近代歷史的特色之一是資料閎富而駁雜，由當事人主導、製作而形成的資料，以自傳、回憶錄、口述訪問、函札及日記最為重要，其中日記的完成最即時，描述較能顯現內在的幽微，最受史家重視。

　　日記本是個人記述每天所見聞、所感思、所作為有選擇的紀錄，雖不必能反映史事整體或各個部分的所有細節，但可以掌握史實發展的一定脈絡。尤其個人日記一方面透露個人單獨親歷之事，補足歷史原貌的闕漏；一方面個人隨時勢變化呈現出不同的心路歷程，對同一史事發為不同的看法和感受，往往會豐富了歷史內容。

　　中國從宋代以後，開始有更多的讀書人有寫日記的習慣，到近代更是蔚然成風，於是利用日記史料作歷

史研究成了近代史學的一大特色。本來不同的史料，各有不同的性質，日記記述形式不一，有的像流水帳，有的生動引人。日記的共同主要特質是自我（self）與私密（privacy），史家是史事的「局外人」，不只注意史實的追尋，更有興趣瞭解歷史如何被體驗和講述，這時對「局內人」所思、所行的掌握和體會，日記便成了十分關鍵的材料。傾聽歷史的聲音，重要的是能聽到「原音」，而非「變音」，日記應屬原音，故價值高。1970年代，在後現代理論影響下，檢驗史料的潛在偏見，成為時尚。論者以為即使親筆日記、函札，亦不必全屬真實。實者，日記記錄可能有偏差，一來自時代政治與社會的制約和氛圍，有清一代文網太密，使讀書人有口難言，或心中自我約束太過。顏李學派李塨死前日記每月後書寫「小心翼翼，俱以終始」八字，心所謂為危，這樣的日記記錄，難暢所欲言，可以想見。二來自人性的弱點，除了「記主」可能自我「美化拔高」之外，主觀、偏私、急功好利、現實等，有意無心的記述或失實、或迴避，例如「胡適日記」於關鍵時刻，不無避實就虛，語焉不詳之處；「閻錫山日記」滿口禮義道德，使用價值略幾近於零，難免令人失望。三來自旁人過度用心的整理、剪裁、甚至「消音」，如「陳誠日記」、「胡宗南日記」，均不免有斧鑿痕跡，不論立意多麼良善，都會是史學研究上難以彌補的損失。史料之於歷史研究，一如「盡信書不如無書」的話語，對證、勘比是個基本功。或謂使用材料多方查證，有如老吏斷獄、法官斷案，取證求其多，追根究柢求其細，庶幾還原

案貌，以證據下法理註腳，盡力讓歷史真相水落可石出。是故不同史料對同一史事，記述會有異同，同者互證，異者互勘，於是能逼近史實。而勘比、互證之中，以日記比證日記，或以他人日記，證人物所思所行，亦不失為一良法。

從日記的內容、特質看，研究日記的學者鄒振環，曾將日記概分為記事備忘、工作、學術考據、宗教人生、游歷探險、使行、志感抒情、文藝、戰難、科學、家庭婦女、學生、囚亡、外人在華日記等十四種。事實上，多半的日記是複合型的，柳貽徵說：「國史有日歷，私家有日記，一也。日歷詳一國之事，舉其大而略其細；日記則洪纖必包，無定格，而一身、一家、一地、一國之真史具焉，讀之視日歷有味，且有補於史學。」近代人物如胡適、吳宓、顧頡剛的大部頭日記，大約可被歸為「學人日記」，余英時翻讀《顧頡剛日記》後說，藉日記以窺測顧的內心世界，發現其事業心竟在求知慾上，1930 年代後，顧更接近的是流轉於學、政、商三界的「社會活動家」，在謹厚恂恂君子後邊，還擁有激盪以至浪漫的情感世界。於是活生生多面向的人，因此呈現出來，日記的作用可見。

晚清民國，相對於昔時，是日記留存、出版較多的時期，這可能與識字率提升、媒體、出版事業發達相關。過去日記的面世，撰著人多半是時代舞台上的要角，他們的言行、舉動，動見觀瞻，當然不容小覷。但，相對的芸芸眾生，識字或不識字的「小人物」們，在正史中往往是無名英雄，甚至於是「失蹤者」，他們

如何參與近代國家的構建，如何共同締造新社會，不應該被埋沒、被忽略。近代中國中西交會、內外戰事頻仍，傳統走向現代，社會矛盾叢生，如何豐富歷史內涵，需要傾聽社會各階層的「原聲」來補足，更寬闊的歷史視野，需要眾人的紀錄來拓展。開放檔案，公布公家、私人資料，這是近代史學界的迫切期待，也是「民國歷史文化學社」大力倡議出版日記叢書的緣由。

導言

王文隆
南開大學歷史學院副教授

一、吳忠信生平

　　吳忠信（1884-1959），字禮卿，一字守堅，別號恕庵，安徽合肥人。1900年八國聯軍攻陷北京，光緒帝與慈禧太后西逃，鑑於國難而前往江寧（南京）進入江南將弁學堂，時年僅十七。1905年夏天畢業後，奉派前往鎮江辦理徵兵，旋受命為陸軍第九鎮第三十五標第三營管帶，開始行伍生涯。隔年經楊卓林介紹，秘密加入同盟會。1911年武昌起義，全國響應。林述慶光復鎮江，自立為都督，任吳忠信為軍務部部長，後改委為江浙滬聯軍總司令部總執行法官兼兵站總監。

　　1912年元旦，孫中山就任中華民國臨時大總統，奠都南京，吳忠信任首都警察總監。孫中山辭職後，吳忠信轉至上海《民立報》供職，二次革命討袁時復任首都警察總監，失敗後亡命日本，加入孫中山重建的中華革命黨。並於1915年，在陳其美（字英士）帶領下，與蔣中正同往上海法國租界參預討袁戎機，奠下與蔣中正的深厚情誼。1917年，孫中山南下護法組織軍政府，吳忠信奉召前往擔任作戰科參謀，襄助作戰科主任蔣中正，兩人合作關係益臻緊密。爾後，吳忠信陸續擔任粵軍第二軍總指揮、桂林衛戍司令等職。1922年，

吳忠信作為孫中山的全權代表之一員，與段祺瑞、張作霖共商三方合作事宜。同年 4 月前往上海時，因腸胃病發作，辭去軍職，卜居蘇州。爾後數年皆以身體不適為辭，在家休養，與好友羅良鑑（字佶子）等人研究諸子百家。

1926 年 7 月，蔣中正就任國民革命軍總司令，誓師北伐，同年 11 月克復南昌後，邀請吳忠信出任總司令部顧問，其後歷任江蘇省政府委員、淞滬警察廳廳長、建設委員會委員、河北編遣委員會主任委員等職。1929 年，因國家需要建設，前往歐美考察十個月。1931 年 2 月奉派為導淮委員會委員，同月監察院成立，又任監察委員。1932 年 3 月受任為安徽省政府主席，次年 5 月辭職獲准後，轉任軍事委員會南昌行營總參議。1935 年 4 月擔任貴州省政府主席，次年 4 月因胃腸病復發加以兩廣事變，呈請辭職，奉調為蒙藏委員會委員長。自此主掌邊政八年，期間曾親赴西藏主持達賴喇嘛坐床、前往蘭州致祭成吉思汗陵，並視察寧夏、青海及新疆等邊疆各地。1944 年 9 月調任新疆省政府主席兼保安司令，對內以綏撫為主，對外應付蘇聯及三區（伊犁、塔城、阿山）革命問題，1946 年 3 月辭任後，任國民政府委員，並當選第一屆國民大會代表。

1948 年 4 月，蔣中正當選行憲後第一任中華民國總統，敦聘吳忠信為總統府資政，復於該年年底委為總統府秘書長。1949 年 1 月 21 日蔣中正引退後，吳忠信堅辭秘書長職務，僅保留資政一職。上海易手之前，吳忠信舉家遷往台灣，被推為中國國民黨中央非常委員會

委員，並任中國銀行董事、中央銀行常務理事。1953
年 7 月起，擔任中央紀律委員會主任委員。1959 年 10
月，吳忠信腹瀉不止，誤以為腸胃痼疾發作，未加重
視。不久病情加劇，乃送至榮民總醫院，診療結果為肝
硬化，醫藥罔效，於該年 12 月 16 日辭世。

二、《吳忠信日記》的史料價值

吳忠信自 1926 年任國民革命軍總司令部顧問時開
始撰寫日記，至1959 年辭世前為止，共有 34 年的日
記。其中 1937、1938 年日記存藏於香港，1941 年年
底日軍佔領香港時未及攜出而焚毀，因而有兩年闕佚
（1942.3.15《吳忠信日記》）。

《吳忠信日記》部分內容，例如《西藏紀遊》、
《西藏紀要》以及《吳忠信主新日記》曾先後出版，披
露其在 1933 年經英印入藏辦理達賴喇嘛坐床大典以及
1944 年出任新疆省政府主席之過程，其餘日記內容大
多未經公開。現在透過民國歷史文化學社的努力，將該
批日記現存部分，重新打字、校訂出版，以饗學界。這
批日記的出版，足以開拓民國史研究的新視角。

（一）蔣吳情誼

蔣中正與吳忠信的情誼在日記中處處可見。除眾所
周知的託其就近關照蔣緯國及姚冶誠一事外，蔣中正派
任吳忠信為地方首長的背後，也有藉信賴之人，安頓地
方、居間調處的考量。如吳忠信於 1935 年 4 月派為貴
州省政府主席，原以江南為實力基礎的南京國民政府，
得以將其力量延伸入西南，在當地推展教育與交通等基

礎建設，並透過吳忠信居間溝通協調南京與桂系關係，
從日記中經常記述與桂系來人談話可見一斑。而陳誠此
時以追剿為名，率中央軍進入貴州，在吳忠信與陳誠兩
人通力合作之下，加強中央對貴州的掌控，為未來抗戰
的後方準備奠立基礎。又如吳忠信於抗戰末期接掌新疆
省務，以中央委派之姿取代盛世才為新疆省政府主席，
一改「新疆王」盛世才當政時的高壓政策，採取懷柔態
度，釋放羈押的漢、維人士，並派員宣撫南疆，圖使新
疆親近中央，這都得是在蔣中正對吳忠信的高度信任
下，才能主導的。當蔣中正於 1949 年 1 月下野，李宗
仁代總統時，吳忠信居間穿梭蔣中正、李宗仁二人之
間，由是可見吳忠信在二人心中的特殊地位。直至蔣中
正於 1950 年 3 月 1 日「復行視事」，每個布局幾乎都
有吳忠信的角色存在。

（二）蒙藏邊政

　　吳忠信長年擔任蒙藏委員會主任委員，關於邊疆問
題的觀點與處置，也是《吳忠信日記》極具參考價值的
部分。吳忠信掌理蒙藏委員會，恰於全面抗戰爆發前至
抗戰末期，在邊政的處置上，期盼蒙、藏、維等邊疆少
數民族能在日敵當前的情況下，親近中央、維持穩定。
針對蒙藏，吳忠信各有安排，如將蒙古族珍視的成吉思
汗陵墓遷移蘭州，以免日敵利用此一象徵的用心。對於
藏政，則透過協助班禪移靈回藏（1937 年）、達賴坐
床大典（1940 年 2 月）等重要活動，維護中央權威，
避免西藏藉英國支持而逐漸脫離中央掌控。1940 年 5
月於拉薩設置蒙藏委員會駐藏辦事處是最成功的宣示，

力採「團結蒙古、安定西藏」的策略，穩定邊陲。吳忠信親身參與、接觸的人面廣泛，對於邊事的觀察與品評，值得讀者深思推敲。

（三）貫穿民國史的觀察

長達 34 年的《吳忠信日記》，貫穿了國民政府自北伐統一、訓政建國、抗日戰爭到國共內戰，以及政府遷台初期的幾個重要階段。透過吳忠信得以貼近觀察各階段的施政重心與處置辦法，以個人史或是生活史的角度，觀察黨政要員在這些動盪之中的處境、心境與動態。更能搭配其他同樣經歷人士的紀錄，相互佐證。

三、日記所見的個人特質

日記撰述，能見記主公私生活，從中探知其性格與思維，就日記的內容來分析，或許能得知吳忠信的個人特質。

（一）愛家重情

吳忠信的愛家與重情，有兩個層面，一是對於家族的關懷，一是對於鄉誼、政誼的看重。家人一直都是他的牽絆與記掛，他與正室王惟仁於 1906 年結婚，卻膝下無子。在惟仁的寬宏下，年四十迎娶側室湘君，1926年初得長女馴叔，嘗到為人父的喜悅。爾後湘君又生長子申叔，使得吳家有後，但沒過多久，湘君竟因肺炎撒手人寰，年方二十五，使得吳忠信數日皆傷心欲絕，在日記中曾寫道：「自伊去後，時刻難忘。每一念及，不知所從。」（1932.12.31《吳忠信日記》）爾後吳忠信經常前往湘君墳上流連，一解思念之情。湘君故後，吳

忠信又迎娶麗君（後改名麗安），生了庸叔、光叔兩子。不過吳忠信與麗安感情不睦，經常爭執，在日記中多次記下此事的煩擾。吳忠信重視子女教育，抗戰勝利後，馴叔赴美求學，嫁給同樣赴美、專攻數量經濟學的林少宮，生下了外孫，讓吳忠信相當高興。1954 年，或因聽聞林少宮將攜家帶眷離美赴大陸，吳忠信並不贊成，不斷去函馴叔勸其留在美國，如果一定要離開，也務必來台。同年 8 月 6 日，吳忠信獲悉馴叔一家已經離開美國，不知所蹤，從此以後，日記鮮少提到這個疼愛的女兒。這一年年末在日記的總結寫道：「最煩神是子女問題，尤其家事真是一言難盡。」表現出心中的苦悶。

　　吳忠信相當看重安徽同鄉，安徽從政前輩中最敬重的要屬北京政府國務總理段祺瑞，兩人政治立場並不相容，但鄉誼仍重。吳忠信自段祺瑞移居上海後，經常從蘇州前往探望，段祺瑞身故時，也親往弔祭。對於同鄉後進，無論是在政界或是學界，多所關照，願意接見、培養或是推介，因此深為鄉里所敬重。如 1939 年在段祺瑞女婿奚東曙的引介下，會晤出身安徽舒城的孫立人，在當天的日記中寫道：「〔孫立人〕清華大學畢業後，赴美國學陸軍，八一三上海抗日之後，身負重傷，勇敢可佩。此人頭腦清楚，知識豐富，本省後起之秀。」（1939.9.28《吳忠信日記》）頗為欣賞。或許是命運的作弄，當 1955 年爆發郭廷亮匪諜案時，吳忠信恰為九人調查委員會的一員，於公不能不辦，但於私仍同情孫立人的處境，認為他「一生戎馬，功在黨國，得

此結果，內心之苦痛，可以想見，我亦不願多言，是非曲直留待歷史批評」。

吳忠信同樣在乎的還有政誼，盡力多方關照共事的同事。如羅良鑑不僅是他生活的良伴，也是與他同任安徽省政府委員的至交，兩人都在蘇州購地造園，經常往來。爾後，吳忠信主政安徽省、貴州省與蒙藏委員會時，羅良鑑都是他的左右手，離任蒙藏委員會時，更推薦羅良鑑繼任。1948 年 12 月 21 日，羅良鑑夫婦自上海前往香港，飛機失事罹難，隔年骨灰歸葬蘇州。吳忠信在蔣、李兩方居間穿梭繁忙之際，特地回到蘇州參加喪禮，深為數十年好友之失而悲痛，可看出吳忠信個人重情、真誠的一面。

（二）做人做事有志氣有宗旨

吳忠信曾經在 1939 年元旦的自勉中，自述「余以為做人做事，必有志氣，有宗旨，然後盡力以赴，始可有成。」另亦述及「自入同盟會、中華革命黨而迄於今，未敢稍渝此旨。至以處人論，則一秉真誠，不事欺飾，對於人我分際之間，亦嘗三致意焉。」這是他向來自持的。就與蔣中正的關係而論，自詡亦掌握此一原則，他在同日又記下：「余與蔣相處，民十五後可分三個階段，由十六年起至十八春出洋止，以革命黨同志精神處之；由十九年遊歐美歸國起至二十一年任安徽省主席以前止，則以朋友方式處之；由安徽主席起以至于今，則以部屬方式處之。比年服務中樞，余于本身職掌外，少所建議，于少數交遊外，少所往還，良以分際既殊，其相處之標準，不可不因之而異也。余在過去十二

年來，因持有上述之宗旨與標準，故對國事，如在滬、在平、在皖、在黔及目前之在蒙藏委員會，均能振刷調整，略有建樹，絲毫未之貽誤；對友人如過去之與蔣，雖交誼深厚，然他人則與之誤會叢生，而余仍能保持此種良好關係，感情日有增進，而毫無芥蒂。……即無論國家之情勢若何，當一本過去，對國竭其忠、對友竭其力，如此而已。概括言之：即「救國」、「助友」兩大方針是也。」

由此可知，在吳忠信待人之原則，必先確認兩人之關係，進而以身分為斷，調整相待之禮。他長時間服務公職，練就出一套為公不私的原則，經常在日記中自記用人、薦人之大公無私，此亦為其「救國」、「助友」之顯現，常以「天理、國法、人情」與來者共勉。

四、結語

吳忠信於公歷任軍政要職，於私是家族中的支柱。公私奔忙之餘，園藝之樂，或許才是他的最愛。他常在一手規劃的蘇州庭園裡，親自修剪、壅土，手植的紫藤、楓樹、柳樹、紅梅、白梅等在園中，隨著季節的變化而映放姿彩，園林美景是他內心的慰藉。吳忠信1949年回蘇州參加羅良鑑夫婦葬禮後，短暫地回到自宅園林，感嘆地寫道：「園中紅梅業已開散，白梅尚在開放，香味怡人。果能時局平定，余能常住此園以養殘年，余願足矣。」（1949.2.21《吳忠信日記》）可惜，這是他最後一次回到蘇州，之後再無重返機會，願與天違。

　　這份與民國史事有補闕作用的《吳忠信日記》並非
全出於其個人手筆，部分內容為下屬或親屬經其口述謄
寫而成。1940 年，他就提到：「余自入藏以來，身體
時常不適，且事務紛繁，日記不時中斷，故託纕蘅兄代
記，國書姪代繕。」（1940.1.23《吳忠信日記》）且在
記述中，也有於當日記之末，囑咐某一段落應增添某
公文，或是某電文的文字，或可見其在撰述日記之時，
便有日後公諸於世的預想。或許是如此，吳忠信在撰寫
日記時，不乏為自己的行動辯白，或是對他人、事件之
品評有所保留的情況，此或許是利用此份日記時須加以
留意的地方。

編輯凡例

一、 本社出版吳忠信日記，起自 1926 年，終至 1959
    年，共 34 年。其中 1926 年日記為當年簡記，兼
    錄 1951 年補述版本；1937 年至 1938 年於太平洋
    戰爭爆發後，其家人逃離香港時焚毀，僅有補述
    版本。

二、 古字、罕用字、簡字、通同字，在不影響文意
    下，改以現行字標示。

三、 日記中原留空白部分，以□表示；難以辨識字
    體，以■表示。編註以【】標示。

四、 吳忠信於書寫時，人名、地名、譯名多有使用同
    音異字、近音字，恕不一一標註、修改。但有少
    數人名不屬此類，為當事人改名者，如麗君改名
    麗安、曾小魯改名曾少魯等情形，特此說明。

附圖

吳忠信入藏路線圖（1939-1940）

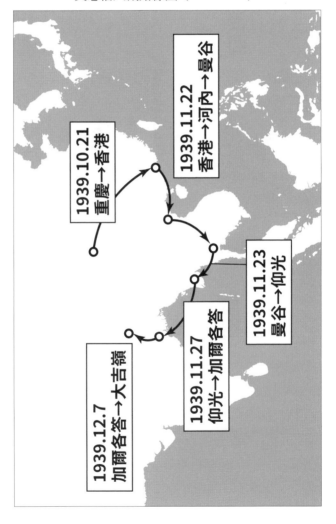

吳忠信入藏路線圖（1939-1940）續

蒙藏委員會委員長入藏行轅組織圖

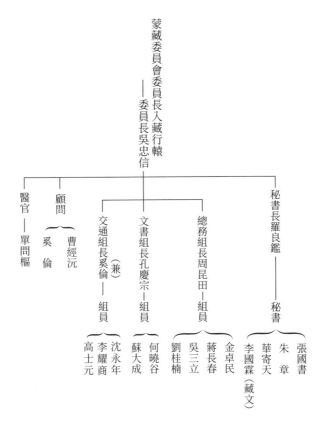

蒙藏委員會委員長入藏行轅
——委員長吳忠信

醫官——單問樞

顧問
╭
曹經沅
奚　倫
╰

交通組長奚倫
（兼）——組員
╭
高士元
李耀商
沈永年
╰

文書組長孔慶宗——組員
╭
蘇大成
何曉谷
╰

總務組長周昆田——組員
╭
劉桂楠
吳三立
蔣長春
金卓民
╰

秘書長羅良鑑——秘書
╭
李國霖（藏文）
華寄天
朱　章
張國書
╰

錄自朱章，《拉薩見聞記》，上海：商務印書館，1947。

達賴坐床典禮席次圖

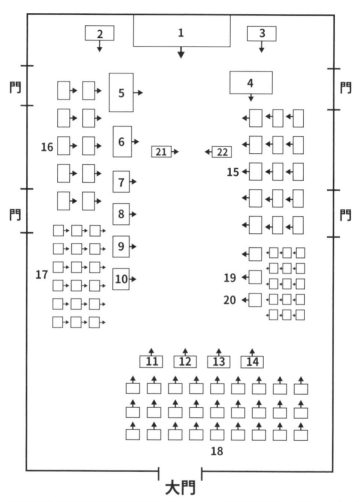

1.達賴寶座　2.達喇傳經師座　3.達賴父母座　　　4.吳忠信委員長座　5.熱振呼圖克圖座
6.司倫座　　7.甘丹赤巴座　8.功德林活佛座　　　9.策墨林活佛座　10.木隆寺活佛座
11.後藏扎薩喇嘛座　　　12.喇嘛噶倫丹巴絳央座　13.彭修噶倫座　　14.彭康噶倫座
15.行轅職員座　　　　　16.各寺廟活佛座　　　　17.四品以下僧官座　18.四品以下俗官座
19.尼波爾代表及其隨從座　20.不丹代表及其隨從座　21.22.辯經師座

錄自朱章，《拉薩見聞記》，上海：商務印書館，1947。

目錄

1940 年（民國 29 年）   57 歲

1月1日   星期一

由桑馬早發，行十四英里，抵康馬下榻。沿途見堡壘多處，都已為英軍入藏時所破壞，又偶見路旁柳樹。據云張蔭棠為領差時，曾令沿途遍種柳樹，亂後悉被摧毀。

元旦特記

余於去年元旦日記中，曾以救國、助友兩事自勉，今年亦惟有循此邁進。現在第十四輩達賴轉世大典待余主持，擬儘于上半年完成，回到中央復命。留藏日期約在百日，並擬于下半年視察西北，調整邊事。余于邊事本非素習，在蒙藏委員會三載有餘，又適值抗戰期間，一切均以消極的維持現狀為主。初無特殊興趣，今既有入藏機會，而各方又屬望同殷，惟有益加奮勉，今後將以邊事為終身事業，以盡餘年，並願與諸同志共勉之。現擬在抗戰期間，幫助蔣總裁安定康、藏，以固後方，待抗戰完成後再幫蔣發展西北。果能如此，余一生之願足矣。

1月2日   星期二

由康馬行十五英里，午後一時抵叟岡。當地民眾代表及頭人來歡迎，並獻食物，地高一萬三千四百英尺。孔處長派本會調查員劉桂楠、蘇大成自拉薩來謁，報告近事甚詳。西康甘孜駐軍與班禪行轅衛隊衝突，康軍章團長死之，縣長亦被俘。劉主席自乾不勤政務，余曾于

數月前，再三託友人致詞，促其注意。

1月3日　星期三

　　清晨由叟岡行十四英里抵江孜。到郊外歡迎者有江孜縣民、喇嘛代表及後藏札什倫布代表作本、江孜英國商務委員代表、尼泊爾代表等十人。江孜為前後藏交通孔道，其繁盛過于亞東，當地民眾以中央大員遠臨，觀者如堵，亦可見其內響之殷矣。後藏札什倫布送土物，余亦回贈禮物，並復函嘉慰之。噶倫（如就獨立國家說，西藏噶倫地位等于內閣之閣員。如以我國各省地方政府說，等于現在各省之廳長。但我方自始至終以西藏為地方政府，而西藏自以為獨立組織者，此乃漢藏問題心理上之重要交點也）彭康公之夫人盛妝來謁（彭康公素來親漢），並致送禮品六事。夫人為拉薩貴夫人中之長于交際者，江孜縣長乃其公子。前數日夫人甫來此，謁余時執禮甚恭，措詞亦得體。余稱其多男子，有福分，並盼其來國內遊覽。據張諮議威白云，夫人所御首飾等物可值盧比五萬，亦可見其侈靡。大低西藏僧官之錢多耗于佛事，俗官之錢多耗于婦人服飾及房屋，官奢于此，民困可知。又其俗最重階級，坐褥亦有等第，寓所余坑床前有坐褥二，係噶倫品級（余初不知），余延彭康夫人坐，渠逡巡久之，旋改就他坐。是雖細節，而微知禮。江孜地高一萬二千八百八十英尺。

1月4日　星期四

　　留江孜，午前接見札什倫布代表作本及尼泊爾駐江

孜軍隊代表連長潘德。午後一時許擦絨偕其公子來謁。擦為前第十三世達賴最親信之人，以其夫人患病攜赴加爾各答就醫，所送禮物皆為外國罐頭、餅乾最合需要之食品，又送來汽油火爐二具，其如雪中送炭。擦為人甚有常識，在藏中為最了解現代化者。余沿途所見藏中人物，彭康夫人可以代表女界，擦絨可以代表知識階級。擦隨十三世達賴在大吉嶺居住三年，又隨十三世到庫倫、北京等處，故見聞不同。擦絨曾任噶倫兼馬基（馬基管軍就是藏軍總司令），將來仍有再任噶倫之望。華秘書寄天衛兵送來趙副委員長上月儉電，知甘孜事發，政院、軍會已派張篤倫查辦。

1月5日　星期五

本日仍留江孜，午刻布施八角闕丁寺僧眾，余託偌子代表拈香。該寺喇嘛約七百餘人，是日諷經具疏，祈禱我國抗戰勝利，並祝蔣委員長健康及達賴、班禪兩喇嘛早日轉世。

1月6日　星期六

清晨由江孜出發，行十七英里抵古稀，仍江孜屬地。山路崎嶇，甚感不適，地高一萬三千七百五十英尺。

記印藏間英人辦理之驛館

英人于印度各地均設有驛館，以便行旅（英語云「奔格羅」）。自加侖堡起至藏境江孜止，每隔十五英里內外均按站設置屋宇，雖不甚廣，然卻合適用，其他

設備亦粗具，每處均有藥箱中貯普通應用之藥，又洋油隨處可購。照章凡旅客借宿應先在加侖堡或岡多等處取得允許證（英語曰派司），每站每人並先繳盧二元，無證臨時借住每站每人繳盧比八元。余等此次以英方特別優待免費，然每站均給看守人賞金盧比五元至十元不等，計自岡多起至江孜止凡十三站，除亞東、江孜兩地外，均止宿驛館也，此項設置與中國唐宋以來之驛站頗相類。康藏交通孔道在清代康、乾時即有台站之設，積久每多廢圮，良以開發，邊疆更須從便利交通入手。如何恢復我國固有驛站之舊觀，參以英國管理之方法，於邊疆各地次第成立驛館，真當前唯一急務矣。

1月7日　星期日

　　清晨出發，行十五英里抵赫隆。早發寒氣甚重，沿途均見雪山，稍行曉日爛然矣。余自古稀起即逐日借住民舍，簡陋特甚，亦姑安之。藏政府于此有關交通之事，漫不布置，相形之下，能無惄然。

1月8日　星期一

　　由赫隆早四時出發，佶子、纕蘅等均未隨行，十時抵札熱小憩。余以房主奇貧，留字屬後到者重犒之。午後三時抵朗噶子，是日共行卅一英里，為此次旅行中最長之站。沿途經過雪山，氣候極寒。喀哪山為西藏門戶，極關重要，英人用兵西藏，曾于此處有爭鬥戰，海拔一萬六千六百英尺，可云極高度矣。

1 月 9 日　　星期二

　　本日留朗噶子。佶子、纕蘅等作晚宿札熱，於本日午後均到查朗噶子，海拔一萬五千英尺。

1 月 10 日　　星期三

　　由朗子行十英里至白地。沿途均沿洋卓雍湖西行，水碧色，有野鳧無數，游翔甚樂，以天然風景論亦大佳也。此地為貢噶縣轄境，縣治距此不遠，海拔為一萬四千八百英尺。

1 月 11 日　　星期四

　　自此行九英里，抵茶麥瀧換烏拉，余在帳蓬小憩即行。經剛巴山頂，海拔為一萬六千三百英尺。午後抵噶巴東堡，下榻房主名梨向花利，現任貢噶縣府書記長，招待殷勤，並具麵食甚精潔，皆先期自拉薩採辦者。此地海拔一二○五○英尺。

1 月 12 日　　星期五

　　由東堡早發，沿鴉魯藏江而行，未幾即過江，仍沿江行，共行十三英里抵曲水。孔處長慶宗、華秘書寄天、朱科長章及行署職均先日到此迎候，藏政府所派招待專員詹東公子（一名詹逢春）由拉薩亦趕到歡迎。余與同人均下榻擦絨別莊，軒窗明淨，頗似北人住宅，心目為之一快。本日經過地方多有樹木，家畜亦富，一般住民，均呈殷阜之象，蓋藏中沃土也。午後余以各職員均到齊，特集合訓話。海拔一萬二千英尺。

1月13日　星期六

本日留曲水，午前九時孔處長、張諮議、華秘書先
返拉薩。今日天氣晴暖，略似春分，午後卓木（亞東）
總管及詹東公子均來謁。詹公子年十六，曾隨官西康，
能操漢語，余告內地情形，伊頗領悟，謂中藏交通如
便，則藏人自樂趨內地，經由印度者必日見減少，其言
頗有理智。余復告以藏中子弟，如能集合多人到內地留
學，中央必為特開班次，以副其願也。

1月14日　星期日

由曲水起行，約十四英里抵江對。在該處茶棚小
憩，居民演藏戲致敬，簡陋可笑，以金犒之。沿途河灘
過道有被水沖沒數處，昇夫均銑足而過。余于經過高峰
時，因山路險狹，車後一騍失足臥地。時隨從人員有先
行，有距離甚遠，幸李耀南聞聲下馬，挾余步行三華
里，始再坐騍轎。余所乘騍轎，于旅程中甚得力，乃于
將抵拉薩前日忽有此虛驚，但尚未演出意外危險，亦所
謂不幸中之幸矣。午後抵業當下榻，余精神十分疲困。

1月15日　星期一

由業當起行至藏江鐵橋，行轅人員集合前進，孔處
長等已先時來迓。余在茶棚小坐，先延見熱政代表戈
布，蓋京中舊識也。旅藏之川、滇、北平、新疆商民均
有代表聯合歡迎，余在彼等所設之帳棚略憩，並進麵
食，誠意可感。旋到別蚌寺附近藏政府歡迎帳棚，西藏
攝政熱振呼圖克圖代表，既噶倫、丹巴、嘉樣、彭康

公、彭許等全體噶倫，以及藏中高級僧俗官吏七十餘人，均獻哈達致敬。英人發克司及尼泊爾代表亦到郊外遠迎，其駐在城藏軍七百餘人，全體出城列隊迎候於別蚌寺前之道旁。午後四時入城，鳴禮砲二十七響。西藏如此歡迎，除達賴喇嘛外，真是希有之舉。

1 月 16 日　星期二

以長途勞頓在寓休養。午後貢覺仲尼來訪，以係中央舊友，接談頗久。貢君現任布達拉宮大喇嘛，是藏人中最接近中央者。

1 月 17 日　星期三

格西龍圖嘉錯來訪，除致謝前在中央受予優待外，並云一切已于返藏後與熱振佛詳談，渠傾嚮中央甚切，余甚嘉慰之。本日為余抵藏之第三日，力疾赴大招、小招兩寺拈香，並布達拉宮致敬，循舊例也。大招寺建于唐時，蓋藏王松贊幹布為文成公主特建者。唐太宗貞觀初，松贊幹布年十六登王位，開疆拓土，威振西域，累遣人向唐室求婚。貞觀十四年，詔以文成公主往妻之，文成公主（本太宗從女）當時要求三事為出嫁條件：

（一）須鑄一釋迦牟尼佛像入藏供奉；

（二）藏王娶我以後，須倡導文化，廣傳佛教；

（三）藏無文字，此後必須創造，以普惠人民。

三事皆許，遂于貞觀十五年（西曆紀元六四一年）正月朝命江夏王道宗持節護送公主于歸吐蕃，松贊幹布至河源親迎之。公主至吐蕃後，影響藏王松贊幹布慕漢

族文化之心愈加深切，吐蕃之能創立文化及改善種種
習俗，皆文成公主有以啟之也，藏人至今追念文成公主
崇奉不衰，殆亦飲水思源之意耳。大招寺中殿供釋迦牟
尼佛像，即文成公主由中國帶來者。左廊有松贊幹布塑
象，以文成公主及其妃尼泊爾王女拜薩像酌之。相傳松
贊幹布像右手所戴戒指一對，尚係文成公主贈物。余于
各象前均獻哈達。小招寺在大招寺北半里許，坐西向
東，樓高三層。正殿供黑居多爾濟佛，即松贊幹布妃尼
泊爾王女拜薩攜來者，或云像內藏布文成公主肉身，殊
近無稽。又有謂寺門東向，寓思中土之意，乃松贊幹布
安慰文成公主而特建者，亦不知何據也。余于寺內拈香
畢，即出。布達拉宮為達賴喇嘛所居，布達拉者，華言
普陀宗乘也，亦唐時松贊幹布所建，而第五世達賴重修
之。因山建樓，早有三重金殿，金塔光采奪目，歷代法
物均貯其中。余乘輿至正門入至至達賴停輿馬處，降輿
拾級而登。以病尚未愈，更覺疲勞，凡數憩始達。堪布
等以茶果餉客，特重犒之。余于達賴喇嘛第五輩、第
十三輩金塔均致敬禮。達賴第十三輩金塔略低于第五輩
五寸，而崇麗過之，據云係以其生前所遺財產十萬兩黃
金所建，塔之四週均繪其生平事蹟。藏中物力凋敝，如
此巨款坐耗，何俾民生，為之太息。余以宮吏導引，得
遍觀各處，偶至布達拉山頂一暗室，據云為文成公主習
靜之地，並祀有文成、金成兩公主像，陰森殆非人境。
私歎公主當日長年閉置，其何以堪，不禁感歎系之。余
入宮時經過殿陛，乃達賴平日所踐，以繩攔之，余去繩
逕入，隨行藏官有致疑者。蓋不知余為中央主管蒙藏長

官，體制較舊日駐藏欽差大臣，殆又過之也。

1 月 18 日　星期四

　　午前十一時拜訪熱振呼圖克圖，彼此交換哈達，行轅同人亦隨余致敬。其所居乃一別莊，略植花木，軒窗尚明淨，餉客以清茶佐以糖果。馬秘書寶軒翻譯，以係初見，互道企想。倍子、纕蘅等先返，余留一小時半，所談甚夥，甚為歡洽。

1 月 19 日　星期五

　　在寓未見客，以昨日勞頓臥床休憩。余以起居不適，不免煩惱耐病之難也。

1 月 20 日　星期六

　　午前十時詣別蚌寺禮佛，熬茶布施，計到僧眾五千五百人，每人放藏銀三兩，皆大歡喜。余病初愈，體力尚弱，僅在正殿拈香，其他札倉四處，派孔處等代表行禮，午後四時返寓。別蚌寺為拉薩三大寺之一，在拉薩西廿里，宗喀巴弟子札什巴爾丹所建，依山建築。又有達賴避暑園亭，達賴每年須赴寺講經一次。漢僧在此十九人，有十七人均在寺內學習，是日均來謁談。

1 月 21 日　星期日

　　午後尼泊爾代表畢斯塔率屬來見，致送禮品。尼泊爾近頗自強，英人利用其武力以控制印度、防備西藏。最近尼泊爾總理赴加爾各答，英總督以國王之禮待之，

可謂優異。該代表等表示，向例五年一朝中國，殆猶備
以藩屬自居，可以見其謙抑。又劉文輝來電，報告康軍
已收復鑪霍，並于五日可抵瞻化，果爾，則甘孜之圍可
解矣。

1月22日　星期一

　　午前九時，應貢覺仲尼之約赴色拉寺行禮。貢九歲
即在該寺內出家，連年服務中央，所得甚豐，先後以之
捐助該寺約十萬餘元。本日供養僧眾五千餘人，祈禱我
國抗戰勝利，並祝林主席、蔣總裁康健。余勉其請，
俟法事完後始行，又致送諷經供養費盧比一千元，歸寓
已四時餘矣。按色拉寺在拉薩北八里，為三大寺之一，
亦宗喀巴弟子沙元迦伊喜所建。沙元迦伊喜先習紅教，
常入明為上師，歸藏師事宗喀巴，旋奉師命于此建寺。
寺中置降魔杵（即金剛杵），長近二尺，藏人呼為多爾
濟，相傳造寺時此杵自西天竺飛來，故藏人崇敬，歲必
禮供一次。寺之屋宇及一切設備，均較別蚌寺完整，僧
眾亦較振作云。本日午後四時後，英人發克司來謁，除
致敬外，談及歐戰情形。余以我國抗日作持久戰，正與
英國情形相同答之。

1月23日　星期二　晴

　　余自入藏以來，身體時常不適，且事務紛繁，日記
不時中斷，故託纕蘅兄代記，國書姪代繕。午後四時，
班禪行轅王羅皆、康福安來謁，報告行轅近事。余奉令
復查西藏在青海尋覓靈兒用款經過，至是材料略備，

屬繕衢草電稿報告，並請求中央發給達賴坐床經費四十萬元。

1 月 24 日　星期三　晴

午前九時靈兒之生父瓊□澤□來見，年四十歲，為青海西甯祁家川人，純操漢語。為其兄經由印度、滇、川等處返籍，要求轉託經過地方保護，余慨然允之。聞其所居，距塔爾寺六十里，務農為業，以其係祁土司之百姓，故以祁為姓。其配祁氏現年卅九歲，生四子一女，女已適人。長子即擋澤佛（在塔爾寺），年十八；次子嘉羅頓珠，年十一歲，現在行署拉薩市立小學肄業；三子洛松桑頓，年八歲，現已削髮為僧；四子即靈兒澤木登珠，達賴佛十三輩之化身也，現年四歲半。祁氏夫妻親屬均相偕來藏照料靈兒。十時，然巴、凍補、曲比圖丹、蓮巴四大仲尼來謁致敬，余告以按照西藏需要，目前應注意建設，並以內地發達情形語之。午後四時不丹駐藏代表來見。

1 月 25 日　星期四

檢點致送熱振佛禮品。

1 月 26 日　星期五　晴

午後熱振佛送來公函，大旨敘述靈兒種種靈異，應請免予抽簽，並擇定國曆二月廿二日（即藏曆正月十四日）為坐床日期，請求轉報中央等情。此事余抵藏以來即派張諮議威白與熱振佛接洽，一方面勉徇其既成事

實，一方面仍望其具備應有程式。乃此項公函遲遲始經
送到，已屬可異，而函中無頭無尾，形式弗具，余閱之
大詫。當嚴詞告來使云似此毫無誠意，顯係侮辱本人，
余可撲被即行，萬難遷就。復由張諮議攜去補具公函頭
尾，並鈐蓋熱振佛印章，不一小時送還。藏人辦事草
索，余本可不必苛求，但事關大典，何等鄭重，當不應
疏漏如此，其意存嘗試耶？抑偶爾忽略耶？則非余所知
矣。聞張諮議持來函往謁熱振佛時，曾剴切病陳利害，
熱振深為動容云。是晚屬偌子根據來件，草擬呈報中
央，請求免予抽簽。余此行重在完成手續，且為安定西
藏人心，扶持熱振地位，亦宜早日確定此案為宜也。

1月27日　星期六　晴

　　十時接見遊藏漢僧十九人，計太空、永光、先名、
隆義、寬定、闊演、如□、隆果、滿度、聖聰（以上四
川籍）、註汪、密晤、張華（以上北平）、觀空（湖
南）、恆演（湖北）、靈光（雲南）、廣潤（山西）、
無畏（即歐陽鶩，原籍奉天，一作江西）、碧松（江
蘇）。就中太空等十五人為自費，隆果、滿度、聖聰、
碧松等四人為本會官費。關於漢僧等黨派林立，暗有傾
軋情事，余對諸僧訓話，大旨謂甚盼諸君潛心學業，以
期深造，相互間尤須和洽，不可徒鶩黨派云云，蓋有為
而發也。余於補助漢僧求學，夙極關心各方友好，亦有
以此見屬者，因當場發給每人藏銀五百兩。其中歐陽鶩
君資格最老，余以中央大學羅校長家倫之託，特加給
五百兩，均各令填寫收據。有恆演者，為鄂友黃保滄君

之子，譚次特提及之。是日發中央兩電，一請核准靈兒
免予抽簽，余原稿中本有晤洽靈兒之語，先一日並由熱
振佛函知羅布林喀，屆時妥為招待。乃臨時賴興巴吞巴
來說，須出以殿見形式，行署華秘書復逕與該處大堪布
接洽。據其回話，以無論何人住見靈兒，均須殿見，乃
民眾大會所決定，如須變更，至少須有熱振佛條諭知照
云云。以民眾大會之決議限制中央大員已屬無理，即照
舊例，駐藏欽差大臣與達賴喇嘛本屬平行，況其未經登
座之靈兒乎？余以國家體面所關，萬難稍涉遷就，決中
止往訪事。為熱振佛所聞及，屬張諮議來稱謂本日干支
不好，約於下禮拜二便見，余亦漫應之而已，故最後致
中央電將晤洽靈兒一段刪去。午後四時往訪嘉木樣活
佛，為西康理化縣人，其父黃信中（號央齋），於余抵
拉薩時在鐵橋迎候，復致送禮物。照慣例活佛不能隨便
出外訪客，頻託人致意，將定期約謁。余既婉辭，特先
訪之譚次。余謂今日各地呼圖克圖或已迫衰老，或尚屬
幼稚，惟伊最有希望，將來甚盼其到中央一行。伊極感
激，歸後復送禮物與之，並及其父。已身及其兄正清，
中央厚恩，無以為報，深致謝忱。又致行政院魏伯聰、
蔣廷黻兩君電，說明感日兩電用意。略謂余此次入藏任
務重在主持大典，旬日以來幾經商洽，有此結果，就中
對藏統治權而論，已屬大體完成，似亦可以告慰云云。
蓋此事有此結果，在今日亦不易也。

1 月 28 日　星期日　晴

　　送各噶倫禮並及前司倫朗敦，余配禮時較送噶倫者

為重，以伊雖退職，然中央一視同仁，固不能闕如也。送禮事本極瑣雜，為敬事起見，亦不敢輕心。相掉圖丹來見，余以照體制論，萬不能殿見靈兒，且此後亦無再見必要告之，余之嚴正態度或可由其普告藏人也。午後接見僥噶廈（僥為藏中大世家，現任札薩克）、陳雲蜀（川人，軍政部所派，擔任特務工作，其來時化裝為商人混入）、仔本二人、降巴缺汪（以前曾充西藏駐京代表，對中央多誤會），余以抗戰必得勝利，且內地建設迅速詳告云。

1月29日　星期一　晴

因病竟日息臥，昨夜十時後吐、瀉驟作，加以頭昏氣促，甚為不適。經單醫官臨時診治，復飲以安眠藥，始得暫睡。單醫官於余病發時即斷為消化不良，非有他故，具徵識見。佶子亦謂余連日飲食過量，亦為致疾近因，以後自當注意節食。午後病已漸平，仍臥榻謝客，先是詹東公子來晤。佶子謂熱振佛於前日殿見靈兒一節極示歉意，午後熱振佛復派大傳號偕馬秘書來謁，正式請余於禮拜二在羅布林喀便見。余於病榻近見，已允之矣，繼思此日為余布施色拉寺之期，復派人轉告熱振改於本禮拜三日。聞外間因余訪靈兒頗多種種推測，甚有謂將演政潮者，熱振為安定人心計，亦不能不從速解決此問題也。

1月30日　星期二　晴

晨起，病已漸好。接張伯璇電告桂南、粵北、鄂北

大捷消息，並謂汪倭秘密協定自經揭布後，偽組織將停頓云云。他人復電皆循例敬語，伯璇兼及近事，真聰明人也，並電仍屬其時告軍政要聞。十時赴色拉寺，纕蘅偕往，色拉云者藏語為黃金之意。余是日熬茶兩次，每人發藏銀三兩，正殿由余行禮，其三札倉皆屬纕蘅、慶宗代表拈香，其中有具茶點、麵食候余往觀者，均分別犒之。寺之僧額向為五千五百人，是日共到六千四百人，可謂極盛。貢覺仲尼及圖丹等均應約來寺，照料一切，兩君皆與寺中有歷史關係者也。余到此寺為第二次，印象極佳，歸時已午後四時，接見格桑佛、森木堪布古桑子等。格桑佛為藏方派赴青海尋覓靈兒者，謂藏方確付青海費用四十餘萬元。余云青海政府始終對中央表示負責護送靈兒入藏，不過藉口預備不及，延緩啟行而已。

1 月 31 日　星期三　晴

　　午前十一時須應羅布嶺喀之約。九時許孔處長、華秘書先往部署，余於十一時偕張諮議、單醫生、張國書、朱章及攝影師徐、陳二君等同往乘輿。抵門前時衛兵列隊，奏樂敬禮，直至達殿門前下輿。顧迦總堪布偕蘇本、却本、森本三堪布、大卓尼等趨至輿前遞哈達，導余入花亭，亭為一小室，四面紗窗，有石鋪小道可通外界，道上繞以石檻，曲折有趣。時靈兒已先至，就主位，座右首上座置繡花坐褥，蓋為余特設。余先以哈達送靈兒，起立接受並另以哈達答余，隨員旋各以哈達致送退去。斯時亭中僅餘余及靈兒、顧迦總堪布、蘇本堪

布等七人。余數以語試靈兒，均能含笑作答，如有領
會，又握其手亦毫無畏縮，談約十餘分鐘。余招攝影師
為之攝照，頷其首，乃就亭前共攝一影，又致靈兒福州
漆佛一尊、藏銀五千兩、黃緞一疋、座鐘一只，復一一
為之說明用途。其後復與隨員及各堪布、賴興巴等合攝
一照。靈兒現僅四齡有餘，其舉止行動均極沉著安閒，
洵為殊異，尤難者能通漢語，故對漢人倍加親切。總堪
布等復導余參觀達賴馬廄及第十三輩達賴所建之四喜□
巴爾殿。顧迦總堪布即於殿之上層達賴臥室內邀余便
飯，以藏銀千兩賞之。飯後復至靈兒父母所居小坐，告
以靈兒兄弟稍長可至內地留學，余當照料一切，伊父母
均久習漢化，其內嚮之誠溢於言表。迨返抵行轅已近下
午三時矣。是日熱振復派馬秘書詢余赴謙日期，答以本
月廿六日，又接趙芷清來電報告，感日兩電所請，均經
政院通過，甚慰。

2月1日　星期四　晴

　　十時赴四大林及關帝廟拈香。首至丁吉林，該寺從前規模最大、地位最高，已為人所忌，復有袒漢之嫌。達賴十三輩第二次返藏修怨，遂查抄之，活佛亦為十三輩達賴牢死，不許轉世。其後該活佛仍轉生於十三輩達賴家，為其猶子，俗稱第穆佛。達賴十三輩逝世後，該佛向熱振求得一席，建築一小淨室以居，聞距寺亦甚近。今該寺之間廊有斷臂折足之佛數十具，僵臥地上，為狀至慘，蓋皆當日□沒時所毀壞也。另有甘丹赤巴借居寺內，余往訪，值其往布達拉宮未值。甘丹赤巴在宗教上地位甚高，即繼宗喀巴大師法統者，甘丹寺亦即三大寺之一也。次至澤墨林，該寺活佛曾代理十二輩達賴活佛，為蘭州卓尼土司番族，慈祥愷稊，頗為僧俗民眾推戴。余與接譚，詢其身世，據云十一歲入藏，其時尚習漢語，今已十七歲，不復省記矣，旋合攝一照而出。次至功德林，在磨盤山之南麓，門首有衛藏，永安寺匾額為清乾隆六十年所賜，有欽差駐藏內閣學士兼禮部侍郎碑文。寺之院宇閎壯，甲於他林，僧眾亦夙傾響漢人。曩第十三輩達賴逝世，該寺活佛以年幼，遂未及代攝，現常住別蚌寺習經，每年僅返寺一月而已。有老札薩款余甚殷，懇為小坐，慰勉之。寺有柳林一所名德基林卡，現為招待英代表等行館。按三大林均有代理達賴喇嘛之資格，其澤墨、功德二林現任活佛人望頗佳，貢覺仲尼謂其將來希望亦甚大也。本日祇到三林，其策覺林遠在隔河，遂未及往。該寺事實上尚未有代攝達賴者，其策覺林活佛（即班禪之弟）現在重慶，不敢歸

來，似又涉及政治之關係矣。最後赴關帝廟，在磨盤山
巔，係清乾隆五十七年福康安和琳奏建，並有所撰碑
文，殿頂全為陶瓦蓋成，亦藏中特色。余至廟行禮，而
典守者無一漢人，香火亦衰落已久，緬懷前代遺烈，為
之累欷。殿前有駐藏大臣松筠題匾額，伊以工部大臣兼
任駐藏欽差，蓋體制之最崇者。駐藏三年，所著有衛藏
通志頗翔實，亦閎著也。

2月2日　星期五　晴

　　午後瓊讓台吉來見，此人為藏中著名親英分子之
一，現任卅九族總管，伊表示敬意。余以國內軍事、交
通進步情形告知，並云藏中軍隊具備吃苦耐勞及服從條
件，所差者訓練組織。其次見拉魯，現任噶廈首席秘
書，原係龍廈子，龍有三子，其兩子均坐父罪充軍，其
夫人為保全家族計，向政府自詭白謂此子為私生子，係
拉魯血統，遂得免遣，同時又進而為拉魯家人。拉魯為
藏中第一世家，從前曾出多世達賴喇嘛，現人口式微，
有一夫人年五十九，今與少年之拉魯配，蓋龍廈夫人亦
具保全其嗣子之苦心也。來謁時送禮甚厚。譚次曾對殿
見靈兒經過表示歉意，或係受噶廈之囑，試探余意，亦
未可知。此人聰明老誠，措辭亦得體，余所見藏中青年
官吏，當以此君最有希望。次見崔科，原係達賴十三輩
之代本，現作寓公，見余時備稱藏中見聞閉塞，建設幼
稚，請余策勵當局努力開發，免世界各國以西藏為不
齒。余以藏地氣候既佳，人亦聰穎，將來即有希望慰
之。並以日本維新為例，謂維新須有機緣，且須經相當

時日，非一蹴可幾云云。此人在一般藏人中有流浪之
稱，聞任意批評時政，當局亦容忍之，又向有親英色
彩，余則以其頗有膽識，比較庸勞者尚有可取云。

附親英人物略歷

擦絨——前任首席噶倫兼馬基，現任造幣廠長。此人在
　　　　十三輩達賴時權勢極盛，亦當新知識。

札薩索康——西藏大世家，任西康總管，駐昌都，現已
　　　　交卸。

俞妥——前任古□代本（拉薩護衛軍），現已交卸，亦
　　　　悍將之一。

崔科——前任代本，在西康甚久，能戰著，頗具革命
　　　　思想。

瓊讓——前任代本，在西康甚久，屢敗廿四軍，進佔德
　　　　格甘瞻。因康藏和議要挾過度而失敗後，因
　　　　黃專使入藏，充賴興巴回拉薩，現任卅九族
　　　　總管。

甲鄂巴——西藏送留英四學生之一，習電機工程，四年
　　　　畢業，現任電燈局局長。此人反對中國，
　　　　成見甚深。

按此外，在英留學三人：

（一）稽卜，一名格布，在英學電線，現任朗仔轄（俗
　　　　稱密本），人雖游英而反英甚力；

（一）鋼卡，學軍事，其人已死；

（一）門衝，僧人，學礦，此人現存，曾開某處金礦，
　　　　以喇嘛出而反對，且以孔嚇之，遂停業，現任
　　　　布達拉宮之雪碟巴縣長。

　　次見嘉木樣活佛，前以贈物太厚，表示謝意，並謂由拉卜楞至拉薩沿途佛寺毀壞太多，殊出意料之外。而推原其故，實亦藏人□力所成，藏人如不與中央離異，則寺院何至遭劫如此。又謂其兄正清蒙中央優遇，亡弟正基亦受中矜恤，亟思圖報。故於到拉薩時念經□齋，祈禱我國抗戰勝利，不過表示個人擁護中央之微意而已，又謂兄弟數人自小即熱忱傾向中央。余極嘉勉，並謂中央首長均所共知。叩辭時，余送至樓梯，伊極遜謝，以密碼電本託轉伊兄正清，又請余通知電台，於其通電別蚌寺時予以便利。余謂可以書面請求，當為轉達。

2月3日　星期六　晴

　　應熱振之招，於午後一時偕行轅全體同人前往。余降輿時熱振迎於戶外，余等比次致送哈達。二時入坐，共分三席，余與熱振同席，佶子、纘藯、慶宗、彥龍、威白同席，其他同人則另設為一席。照熱振讌客習慣，無論何人不能同棹，即共棹亦祇能聽其送菜，不能自取，此舉蓋創例也。席間所譚以涉及佛學者為多，次及開發西藏，對辦學、製革各事均譚及，熱振蓋有志於此而苦無著手之方。余告以各事均非難辦，如有所詢當隨時貢獻，余並一一介紹行轅在座諸人，特別述其學歷，以促其注意。席散佶子等先行，余獨留與熱振譚，對於中央對西藏態度尤深切言之。大意以藏係中國領土，且為世界所公認，不能不幫忙，但無所求於西藏。熱振表示亦誠懇，對中央此次特頒大典費肆拾萬元，尤特申

謝。意謂本人渥受中央厚德，惟有求之三寶以報，又對
靈兒呈報中央及英人破壞之經過亦譚及，彼此掬誠相
見，故無不宣之隱，余必以全力為之援助也。

2月4日　星期日　晴

　　十時赴吉堆壩行署，參加拉薩市立第一小學第一班
畢業典禮，典禮同時該校放第五學期冬假。余致訓詞，
勉諸生注重學業，孝順尊長，將來可到內地升學，余必
力任伕助，並特補助藏銀五千兩，添製學生衣服，增
加校具。學生分等致答詞。計是日畢業者二人，一為馬
效麟（回人），一為李培溁（漢人），其致詞學生則為
馬克寬、戴金二人，均能略知世界大勢，語言亦極清
利。在萬里遐荒，學校方在萌芽之際，見此崢嶸頭角之
青年，為之欣慰不置。查該校係於民國廿六年秋創辦，
從前清真寺辦有私立學校，求助於前行署蔣參議致余，
結果遂改辦市立第一小學。原祗有學生二、三十人，改
辦後准普通漢胞參加，遂增至九十餘人，迄後每年遂漸
減少，現又增至八十餘人。藏人男生占全校十分二（約
十數人），女生占十分之一（約三人），平均學生年齡
十一歲（大者十一歲，小者五歲）。聞藏籍學生所以樂
於參加者，一以初入校時發給校服，一以校中兼授藏
文，但最近已有退學者，聞以校中功課不甚注重藏文之
故，殊為可惜。校中經費全年由教部補助五千元，校內
共分五班，除本屆畢業二人外，現有四班，均為初級，
代理校長張威白、教務主任高師原、教員張方堃。會散
已十二時，即赴行署休憩，威白為余設讌，並邀行轅同

人，談敘甚歡。傍晚逕赴電台入浴，得晤該台電務主任譚興沛、機士嚴靜兩君。談悉該兩人係廿四年隨同班禪入藏未成而久留玉樹，至去年秋喬裝喇嘛，與僕役兩人分三批秘密來藏。無行糧、無騾馬，乞食步行，歷三月餘到達，沿途險阻，曾不少挫。其志氣堅銳，殊堪嘉佩，使從事邊政人員，畢能盡如兩君，則邊事不患不能發展也。

2月5日　星期一　晴

午後三時，屬慶宗、威白往洽熱振，所譚五事：

一、授勛；

二、冊封；

三、班禪行轅事；

四、以五千元請佛像；

五、中央軍校招考事。

當經商定正月七日為冊封之期，班禪事熱振謂已與該轅人員逕洽即可解決，暫時無庸中央費神過問，當即分電中央各院會報告。是日錫金英行政長官古德來此，聞藏方衹派兵二百人，噶廈亦衹派代表一人往迎，以外民眾寥寥，電台方面仍照向例派一事務員持張台長名片致敬。英人圖藏已久，顧其民情風俗及歷史均與藏方不合，聞最近二、三年前英某武官曾以多金向色拉寺布施，其措詞謂以之振濟窮乏，寺中收其助款，而於其朝佛至以閉門羹餉之。此雖趣聞，亦可資證考也。

2 月 6 日　星期二　晴

　　九時赴錫德寺拈香，纕蘅、慶宗等隨往。寺為熱振主持，距其居邸甚近，聞係前三輩達賴轉贈熱振之前幾世先輩者，蓋其本寺尚在藏北，距拉薩甚遠也。次到木菇寺，衛藏通志作木鹿寺，在大招之北，小招之東，現有喇嘛甚少，聞以演藏戲著名，余拈香畢即出。十時後返行轅，多德代本來謁。此人留西康十年，常駐降德，此次請假返拉薩者，藏中以平民積資為代本，此次即其一人。語言明細，認識尚清，前孔處長過境，伊頗幫忙，余特及之。伊以最初未奉昌都札薩命令，故於孔處長之留滯，無能為便，深致歉意。次見馬寶軒商及冊封禮節，余以在不失國家體統及不辱使命之範圍內，凡事均可舍經行權，鄭告之。復派孔處長訪王羅皆、康福安，告以與熱振交涉班轅回藏問題經過，又屬孔處長訪龍圖嘉錯商譚近事。

2 月 7 日　星期三　晴

　　午前馬寶軒來，代熱振詢問鑄佛像事，藏中有鑄佛像之機關，並以專員司之，聞一切尚便。午後寶軒又代表熱振送年禮，屬纕蘅代收，並回送哈達。與纕蘅諸人閒譚，以後任邊事長吏者，須以富有經驗，又具新知識，對邊事有深趣，而身體又健全者為合格，相與抵掌，當時人物，其能兼備眾長者，蓋寥寥也。藏曆每歲此日，即藏曆歲除前一日跳神，一稱打鬼，在布達拉，相傳為驅祟之意，余被邀未住，派孔處長、張諮議參加。據報是日自熱振以下，全體僧俗官員均親臨，市民

亦准入內參列，自午前八時起已在開始活動。參觀者登三樓，西向，與正殿相對。正殿凡五層，最高為達賴坐位，下為四噶廈，再次為四仲譯青布，更次為靈兒家屬席，最下為化裝之所。熱振坐達賴之左方偏房，參加之英錫金長官古德位次在中央人員坐次之下層樓，聞囊例如此。一般觀眾則分據南北兩屋之平屋頂上，擁擠不堪。跳神時間頗長，劇情每幕類皆由喇嘛十數人著各色披風，帶各色呢帽，顏色鮮豔奪目。又有俗官七、八人，帶月牙形小白帽，著繡花黃緞馬掛、短裙，背束斜捆花布一捲，或更參加小兒數人，作各種表演。最後一幕為老人捉虎，據云為十三輩達賴在北京時，曾作此異夢，回藏後即丁清帝遜位，中國鼎革，乃令人以此夢境作劇紀之，直至群神捉黽形布法至布達拉山下焚。綜觀全劇，充滿神話意味，藏中一切習俗，尚滯留中古時代中，不謂科學昌明，人群演進之日，其故步自封如此，曷勝太息。爰拉雜記之，以當采風，不僅述異已。是日為舊曆除夕，纘蕡、東曙均於晚間過譚。余泛論邊事，謂欲經營西藏，必先開發西康，康政修明，則藏事更易就理，即青海等處，亦可改善態度，余於復命時，當再與蔣總裁詳之。復次辦理邊事者，須要真明佛理，乃能措置得宜。如以假信佛法者當之，一切以塗飾耳目，舍己從人為事，甚至手拿念珠，見佛則拜，反自詡為深悉邊情。此種做法，以之從事邊政，真是南轅北轍，去題愈遠。余雖深信佛法，但決不徇俗苟同，活佛見我，須獻哈達。蓋運用政治，不宜與宗教混為一談，段芝老生平主張與余相類，余極重其為人云。

2月8日　星期四　晴

　　冊封熱振定於本月十四日，即藏曆正月七日，其印文為「輔國普化禪師熱振呼圖克圖之印」，鑄成於民國廿四年，約重赤金萬兩。初由專使誠允由南京攜至北平、蒙古，經由蘭州、玉樹等處。繼復由趙專使守鈺，經由西康、成都轉渝繳會。此次復由余循海道帶藏，余與熱振不知有何種特殊因緣，殊可異也。本日為庚辰年元旦，在藏俗則為除夕。藏中本用夏曆，但有一特殊習慣，即認為是日干支好者，多用幾天，反是則刪除之，以宜忌為增減，竟成慣例，真世界未有之奇聞矣。此邦自為風氣，即斯可見一斑。又接趙芷青電轉國府歌日兩令，未有奉命照轉字樣，屬繼藚電許局長靜芝補發，以便轉行。晚間慶宗來譚康藏交通及發展邊疆之必要，余屬其寫為草案，以便建議中央。

2月9日　星期五　晴

　　為藏曆元旦，自夜分起，居人均赴大招寺拈香，無論老幼男女，手持油燈，魚貫而進，備極誠虔。禮畢復步行繞寺一周，謂之為繞八角，以為功德甚大，且多攜錢散放乞丐者。其僧俗官吏，則於天甫明時著嶄新衣冠，至大招寺朝佛，然後齊集布達拉宮大殿，舉行其隆重之新年儀式。熱振首先向達賴坐位行三叩首禮，獻哈達，其他官吏自總堪布以下，亦依次叩首獻哈達。繼以奏樂獻茶及搶麵餅，旋即散會。余派張諮議、華秘書參加。午後圖丹來謁，譚及官人之法，須世家子弟乃易登進，平民則難如登天。其法第一步向政府登記，學習藏

書，而後加以人力營謀，發表為五、六品官。但此項送
禮之費，至少須藏銀一百五十秤，合之盧比價格在千
元以上。服官後至少須畜馬兩匹，每匹每月飼料須費
一百二十兩，以兩馬計為二百四十兩。並謂其本人每月
生活費至少非藏銀三千兩莫辦，合之內地法幣計已超過
千元以上，即普通特任官，亦尚無此收入，此種登進之
法及其糜費之鉅，欲求政治清明，安有希望耶？為之太
息不置。復次組織雙方考察團事，余謂最好藏中自動組
織赴內地考察團，每年一次，以半年為期，輪流遴選團
員，分期前往。同時，中央政府亦有同樣組織赴藏，完
全以溝通情感，增益見聞為目的。圖丹謂如能辦到，則
以後一切政治問題，均可以次迎刃而解，並建議第一步
須辦到內地護照，可以在藏境通行，以此事實關係交通
根本也。是日由嘉木樣活佛方面傳出消息，謂甘孜康軍
與班輜部隊已開大，果爾，則自乾或已準備完成矣。余
於自乾私交甚厚，但在公義方面，則甚盼其有氣概、有
辦法，曾數數為纏蔔諸君言之。又譚吾輩下筆，須注意
三點：一、已往歷史；二、現在事實；三、將來變化。
即如孝園為劉曼卿女士作康藏輶征序，以曼卿入藏比之
文成、金城兩公主，並稱其為女菩薩。無論劉為一浪漫
女子，久為社會所鄙視，不應如此推挹，即使其人才德
兼備，亦不應擬於不倫。如此可見下筆時，萬不可隨便
也。孝園此序，或於民國廿二年仲秋月，或彼時曼卿之
無狀，尚未顯著歟？余內返時，當與孝園一言之。

2 月 10 日　星期六　微陰，並有微雪

　　午後三時商上商卓特巴澤仁來謁，商上者，藏政府之財務處，其機關在大招寺內，為藏方主管財政機關。據澤仁云，伊以錫金王之咨送，曾在大吉嶺留學四年，返藏後任今職，最近以其姑母來函囑令晉謁。蓋余過加倫堡時，曾應不丹小王道治招讌，而不丹小王之夫人，即其姑母也。又云在廣播電機中，曾聽重慶英語廣播，甚感興奮，恐今生老死藏中，無緣一窺內地。余甚嘉慰之，謂有志者事竟成，將來漢藏交通日便，總可達到目的，屆時余必予以便利。余復以內地各種事業之進步告之。此君所操之英語甚流暢，人亦英發，其婦亦熟嫻英語，聞為擦絨之女，余譚次兼譽擦絨。藏中本不少親英分子，但對中央亦有相當情感，默化潛移，要非無術，是在隨時隨地，因勢利導。如澤仁者，乃政界青年有希望之人，余故特加獎勸也。是日為藏曆正月二日，上午箭頭寺降神，寺在哲蚌寺下，主其事者為大喇嘛乃穹。每歲此日降神一次，預言年事豐歉、時事吉凶，間亦涉及政教事務，藏官熱振以下均往聆話。本日乃穹降神後，僅向熱振耳語片時，不復開口，亦不知其作何辭也。下午布達山舉行墜繩，其法先立五丈高竿於平地上，再由竿頂繫牛毛繩，斜垂而下，亦牢栓地面，墜繩者數人，先後爬立竿頂，再抱繩急速滑下。如平安落下，則本年歲收豐稔，百事順遂，否則相反。墜繩者係徵自民間，落地時多成昏迷狀。據云十三輩達賴在世時，以其不合人道，曾下令廢止。本年達賴坐床，為慶祝計，又恢復之。

2月11日　星期日　晴，晨起大雪，十時乃止

英錫金行政長官古德十時來訪，同謁者為英駐藏代表饒伊巴多、大尉司登、江孜副商務委員塔□考吉等三人，除寒暄外，所譚皆歐洲戰況。余詢德俄關係，答謂主義相反，豈能久合，且蘇聯舊日將領多被殺戮，亦屬軍事上失利主因，余因以蔣總裁優待舊勛將領告之。十時卅分瓊登登達來謁，其人現任拉薩電報局長，兼西藏政府商上特巴。余詢其略歷，據云係拉薩人，幼即為僧，八歲就學於布達拉宮學校，十六歲奉派赴印度留學，駐噶倫堡三載，返藏後即任現職，已二十年。聞當日十三輩達賴派赴英印之留學生共十人，僧俗各半，現多退職或投閒，碩果僅存者，惟彼一人而已。余與之略談交通問題，約十餘分鐘拜去。本日為藏曆正月初三日，哲蚌、甘巴、色拉三大寺喇嘛相繼下山，計全體僧眾約二萬餘人，均於藏曆正月五日前集中拉薩，白日在大招寺攢招，夜間散居民家。每值散招時，大招寺附近幾盡為紅衣黃帽之喇嘛所充塞，而喇嘛隨地便溺，汙穢不堪，尤為市民衛生之最障礙。世家貴族於此時期，相戒勿出，以免傳染。計藏曆初五至二十六日為傳招時期，拉薩各機關停止辦公，並公文亦拒不收管，亦特殊之政治現象云。

2月12日　星期一　晴

午前見客三起：

（一）澤木噶蘇（一稱扯捫）曾駐昌都三年，任噶倫職時，派赴印度參加西姆拉會議，充藏方副代

表，先後服務政府數十年，現已年逾六十矣。一望而知為深沈老練、富於機智之人。譚次除表示謝意外，並詢余在藏約留多日，余告以本人在中央職務甚忙，目前新疆、蒙古等處之事件亟待處理者甚多，故不擬久住，稍遲即行云。

（二）覺哲喇嘛，現任大招寺喇準，管理三大寺暨達賴喇嘛所用物品，如酥油、鹽、茶之類。現值傳招，事務更繁，余特嘉勉之。

（三）錯欽衄敖二人、副手二人、助手六人，均哲蚌寺喇嘛，即世稱為鐵棒喇嘛者。伊等於前兩日下山，在傳招期間維持臨時地方秩序及僧俗民眾審判事務。昨日上午九時已在布達拉宮報到，旋即乘馬急馳，繞拉薩全市行一週，後隨祖背佩劍之喇嘛十餘人，口中高呼自今日起，全市官民，除熱振及欽差外，均要歸其管理。本日循舊例來行轅報到。余於接見時，勉以照章服務，維持地方，並賞以藏銀一千兩，以示優異。實則舊例賞金，須於事竣復命時發給，且為數甚少，余之此舉，乃創例也。據云彼輩在此時期，擊斃一俗人，賠款一錢，擊斃一僧人，賠款七分五厘。又其斂錢之法亦甚奇，凡市民帶眼鏡、嗜煙賭者，以及下雪之日，每人或每戶出二錢，即可免罰。否則橫施抬擊，非有多金不能宥釋，以至居民畏之如虎。至其享有特權之原因，相傳五輩達賴時，西藏群雄並起，各據一方，達賴之威信不立，當時首先擁護達賴者，厥為哲蚌寺，並

於寺內建別宮居達賴。迨其統一全藏時，特付
該寺喇嘛以鐵棒特權，俾於攢招期間管理拉薩
全市，以示酬庸，相近至今未能稍改。據調查
所及，此輩往往利用地位，濫施威權，壓迫苛
索，無所不至，因此收入不少，故哲蚌寺喇嘛
常以巨金運動此席。西藏稗政，此其一端。聞
十三輩達賴惡其專橫，曾一度停其職務，嗣以
攢招時僧眾太多，邇易生事，無法支配坐位，
不得已又規復之。甚矣，除弊之難也。

2月13日　星期二　晴

　　為藏曆初五日，按藏俗每歲自今日迄二十六日，無
論公家、私人均排日在大招寺向喇嘛施粥、熬茶、散
錢，喇嘛亦諷經祈禱，謂之攢招。本日為攢招之第一
日，由余代表中央主持，先期籌備各事，經商洽熱振，
派僧官曲批圖丹及俗官雪加林巴及僧俗官吏數十人分
任，並與行轅人員隨時洽商辦理。計每一喇嘛散藏銀七
兩五錢，此外熬茶二次、放粥一次。余於午前八時與同
人先至行署，旋由貢覺仲尼導往大招寺拈香主持。東
曙、慶宗、昆田、國書等分在各門散錢，計到僧約二萬
餘人，乞丐約六、七千人。此次每人各得七兩五錢，伸
合一盧比以上，其優厚打破向來布施紀錄。粥茶材料亦
豐腆可口，且秩序井然，是徵藏政府照料得力，而天氣
晴朗，亦屬祥徵。余等十一時返行署，事畢各藏官、各
漢胞等，均向余獻哈達、送禮金。余既一一答禮，復觀
其禮金之多少，加倍還之。當進餐時，余向大眾致詞感

謝，藏官洞波仲意親波答詞。返行轅後，來賓尚續至不絕。是日疏文由纏蕍撰擬，其意祈禱中國抗戰勝利，領袖健康及佛教興盛等，語甚簡括。

2 月 14 日　星期三　晴

午前馬寶軒來譚冊封授勛禮節，熱振擬為余特設坐位，答以不必。晚間貢覺仲尼來譚，云噶廈之意，坐床之日，擬以余與熱振相向對坐，余答詞甚堅決，謂有辱國體，萬難遷就。是日聞班禪行轅為康軍擊潰，將竄往拉卜楞，囑孔處長往告嘉木樣活佛，盼其轉電黃正清司令注意，伊等深感余關照之切，並急電黃司令。又小魯來電報告，五原、臨河我軍撤退。午後噶倫丹巴嘉樣、彭許、彭康等來謁，並送禮品致賀。余於接譚時，告以翌日授勛事，並合攝一照。噶倫三人聯袂晉謁，即係代表噶倫全體，伊等執禮甚恭。

2 月 15 日　星期四　晴

午前九時，行轅同人已齊集，由孔處長、張諮議等先行赴錫德寺布署。十時熱振派藏官二人來請，余偕同人前往。授印授勛典禮即於該寺大殿舉行，余乘輿抵正殿前時，熱振降階相迎，遂同赴三層頂上之正殿。禮堂中設一案，陳列金印、冊封冊、勛章等。余代表國府主席立案左，隨員亦依次排列，熱振及所屬僧官相向對立案右。余以印章等依次親授，熱振接受，伊趨前向主席獻哈達等物，余一一代收，最後並致送哈達，向其致賀。禮成，余先退去，行轅同人以次送哈達致賀，儀式

完成後，熱振以藏香、氆氌等物詒余兼及同仁。余於午後派昆田、國書以閩製漆屏四扇、金絲地毯三疋致送，藉申賀意，所贈之物，皆上等國產也。同時派奚顧問、孔處長、張諮議等分送三噶倫勛章，並附綢緞。二事一面電國府報告，並發新聞電。午後康福安來謁，談甚久，含有密告之意。其歸結之點，不外攻擊華秘書，謂送熱振禮時，華主繞右道轉，於熱振不利，及余赴布達拉時，撤去過道擋繩，均屬不合。余以正義一一答之。

2月16日　星期五　晴

　　午前十時，後藏札什倫布札薩來謁。此人年六十餘，鬚眉蒼秀，語言嫻雅，在政界中服務甚久，為札薩中最有名望及能力之人。此次因參加大典來謁，報告後藏情況。余因譚及現在後藏之安欽多傑鏘，屬其轉達下列各語：

（一）過去中央待遇安欽甚厚，聞其附日有據，甚為可惜。

（二）安欽應從速表明態度，擁護中央。

（三）如不悔悟，將來必於安欽不利。

　　以上皆愛護之語，該札薩聆余此言後，甚為感動，謂與佛語無異。是日接自乾電告平定甘孜班禪變亂經過，並有懲辦首惡，嚴肅紀綱，請予主張等語。當復電嘉勉，並允轉陳中央。

2月17日　星期六　晴

　　午前卹邦廈迦來謁。卹邦者，專理司法署，同於內

地審判廳，廈迦係俗官瑪璣之子。據稱藏中司法不完全，余謂抗戰結束後，可到內地考查，並可參觀司法機關及其制度，以資改善，伊頗感奮。嘉木樣父子來謁，辭行，並送禮物，余以班轅潰竄近事告之。又得政院電，對於班禪肇變痛斥，有擾亂後方、淆亂綱紀等語。余比復一電，主張責成西康劉主席澈底解決，以除後患，並請中央採納其懲辦首惡主張，同時應令財部即日停發該轅經費。該轅此舉不啻自掘墳墓，余為主管長官，對本案處理，不能不出以嚴正態度。並將電文轉自乾，中有從此聲威既樹，仍盼益竟前功之語，所以期勖者至大。

2 月 18 日　星期日　晴

午前農務局仁岡來謁，余告以漢藏關係歷史甚深，中央必須幫忙西藏，並非中央有求西藏，伊極愉快。連日西藏僧侶、官吏絡繹來謁，具見空氣轉佳。余於此項人員謁譚，必抽暇多與接晤，藉告內地情形，俾其瞭解，懷柔遠人，誼當為此。查農務局舊屬於駐藏大臣衙門，為張蔭棠氏任內所創立，民國後尚仍其舊，惟管轄之權屬之藏方。據報拉薩菜園業主均係漢胞，關於漢胞財產及人事糾紛之件，向歸該局處理。仁岡為世家，聞向來對漢胞情感尚佳。晚間貢覺仲尼來譚坐床日坐位問題，余此次以邊疆主管長官代表中央親身來藏，論地位，自較前清欽差大臣及駐藏大臣為高。乃藏中不察，有擬在達賴坐床典禮中，將余位置擺在熱振對面。余因派員言於熱振，謂若如此辦理，余決不將出席。蓋此乃

國家之事，非余個人之事，倘余輕率接受，位置下於前
清欽差，余將何以對林主席及蔣委員長，故余不能出
席，當請熱振原諒云云。熱振答復亦佳，惟希望余再派
一人與噶廈一談。余遂派貢覺仲尼為代表，往與噶廈一
商。頃據復稱，噶廈已議定，依照清例，余與達賴在殿
上，面南並坐，漢官坐東面西，熱振率僧官坐西面東，
噶廈等則坐南面北。座位問題，至此乃完全解決，是亦
中央在藏主權恢復之初步也。是日嘉木樣活佛返拉卜
楞，余派李國霖往送之，渠以密語屬其轉陳。略謂駐藏
三年，觀察較切，藏人對中央無誠意，且復虛偽。即以
佛法論，除三大寺中尚有少數修行者外，其餘均不知佛
法為何物。信心更無從說起，而官吏更缺乏公德，自熱
振、噶倫以下，均營私舞弊，上下交征，對中央虛與為
蛇。以伊觀察所及，除熱振本人表面上尚有點表示外，
其他則並此而無之，若欲確實掌握，惟在力量。又云藏
人情薄，久處易變，伊駐藏三年，先後態度迴異。晚間
成都電台來電，謂南甯克服，日本天皇被刺身亡，敵艦
均下半旗志哀，廣州敵軍大部撤去，平津敵軍亦預備撤
退云云。一時行轅同仁異常興奮。余謂南甯克服，似已
不遠，其他云云，則尚待證也。又廣播中聆蔣總裁新生
活運動五週年紀念訓詞，甚切實。

2月19日　星期一　晴

伯璇電告桂南、綏西敵軍撤退消息，笠夫電賀余此
行成功，均分復之。午後馬寶軒來譚，謂熱振聞噶倫改
定坐位，甚表贊同。並以余託仲覺仲尼與噶廈交涉，極

為適當，以他人對噶廈均無說話能力也。行轅以廿二日舉行大典，屬賴興巴吞巴預備馬卅匹。吞巴云，如果是日實際需要此數，則口頭上需要五十匹。以此間辦事，必打折扣，一切均如此云云。藏人腐化心理，於此可見一斑。

2 月 20 日　星期二　晴

距坐床典禮期近，而噶廈方面對坐位問題，尚無正式通知，深以為念。午後派孔處長晤，據貢覺仲尼稱，晚間來報。屆時果來，據稱本日三噶倫及布達拉總堪布大卓尼等會商結果，對余坐位決定依照舊例辦理。余與達賴南面並坐，並於其後設坐墊，以位置靈兒父母及其家屬。明日當由噶廈派員來轅正式報告。商洽旬日之坐位問題，至此乃告解決。孔處長並報告靈兒於明日由羅布嶺喀移駐布達拉，同時宣布授封其父公爵。

2 月 21 日　星期三

本日靈兒移往布達拉，晨六時全體僧俗、藏官齊集羅布嶺喀等候，余派慶宗、昆田、國書、朱章、寄天等前往參加典禮。七時前後，靈兒啟行，儀仗甚盛，僧官概行輿前，俗官概行輿後，沿途並有市民化裝演戲，表示歡迎，圍觀民眾不下數千人。抵達時由熱振及三噶倫陪同，在樓上一偏殿內就坐，各藏官依次叩首，及行轅同仁依次朝獻哈達畢，即獻茶、搶餅，而典禮告成矣。余屬慶宗便察大典坐位，據報斯時尚無。下午五時噶仲來謁，報告坐位一切照余意旨辦理，總期滿意。

2月22日　星期四　晴

　　十四輩達賴喇嘛坐床大典，定於今晨舉行。行轅全體職員於四時前後用膳，準備出發。四時半余派孔處長先赴布達拉宮視察，余及全體職員亦於五時許相繼到達坐定。約半時，達賴入殿就位，典禮遂開始。坐高約五尺，四週圍以木檻，正面及左右均有木梯可資上下。余坐達賴左方，地位面南，與之平行，適如舊例，坐墊亦約三尺。熱振坐達賴右方，面東。司倫與熱振平坐，惟墊較低，司倫以下為各寺著名活佛約十數人。行轅人員共分三排，地位在余左前方，前排墊高，與噶倫等係以兩厚布墊及一薄絲墊，意成三層，二排兩層、三排一層，以簡、薦、委階級為等次。噶倫及札薩台基等坐殿之南部，面北，四品以下藏官、僧官坐活佛背後，俗官坐噶倫背後。尼泊爾代表坐行轅職員之下，亦面西，墊僅一層。總堪布及各堪布分立達賴身旁，外有辯經師二，左右各一，分坐殿中兩木柱旁。坐定後，熱振起向靈兒行三叩首禮，三噶倫繼。熱振立殿之中央對達賴誦經，並宣讀疏文，約十數分鐘始畢。即有堪布一人持錦製佛像一幅，掛達賴座上，另一堪布以尖頂黃帽加其頂上，加時達賴頻蹙其額。嗣熱振率各活佛向達賴獻哈達、五供，次由余率全體隨員向達賴致送哈達，再次司倫及噶倫等獻哈達、五供，以次四品以下僧俗官員獻哈達、五供，因人數眾多，約一小時始畢。辯經師於噶倫獻哈達後，即開始辯論，至哈達獻畢，辯論停止。另有小孩廿名，著紅綠衣服，帶小圓帽，手持月斧，在殿中跳舞，步代頗整齊，其舉止頗似內地祀孔之樂舞生。跳

畢，堪布向達賴獻茶，並依次向余及自熱振以下官員獻
茶。茶畢，布達拉宮僧人演劇及跳舞者先後獻哈達，最
後尼泊爾纏回及不丹代表等獻哈達。繼有戴面具者五、
六人，鳴號入殿跳舞，舞畢，進三道茶。茶畢，小孩又
作三次舞。旋進米飯，余及達賴、熱振、司倫面前各一
盤。另由一喇嘛持大盒以杓盛飯，分獻其餘坐客。大眾
皆各取數粒，向空撒之。飯後進茶點，斯時殿中陳設果
供，及牛羊肉、麵餅等，高如山阜。當有僕役、平民數
十人，入殿爭搶，東西攢動，有如豕突。各大堪布，則
持木棍亂擊。搶眾忍痛，初不退縮，直至各物搶盡，始
倉皇散。此種儀節，聞藏中相沿已久，並以搶眾熱烈為
吉祥之兆。但隨意鞭笞，狀至慘劣，似非人道所宜也。
禮成，達賴先退，余等繼之，前後計費四小時，迨返抵
行轅已過九時半矣。是日分電國府、政院報告，並以詳
電致蔣總裁陳明一切，茲錄原電如下：

重慶蔣委員長鈞鑒：密。第十四輩達賴坐床典禮，
忠信以中央大員主持其事，凡有關主權之處，不敢稍有
遷就。迭與藏方磋商，援照第十三輩達賴坐床舊例，於
達賴坐床之左，為忠信添設座位，偕同達賴向南平坐。
查前清欽差大臣座位，即係如此，現已交涉恢復此座
矣。又藏政府通知英國代表，謂此次典禮係中央對藏宗
教主權關係，外國人不便參預，英國代表等訂於次日謁
賀云云。忠信此次入藏，計已逾月，一切進行，雖屢費
用折，而洽商結果，幸皆順利。三十年脫疆之馬，至今
始獲收回，中央統制西藏之主權，既昭著於世界，西藏
凜承中央之命令，亦表現其熱忱。此皆仰賴鈞座威德，

及兩年來抗戰之努力，有以致之。此後治藏方略，須視
國策為轉移，信歸時，當面陳事是，以備採擇。目下則
惟有保持既有之收獲，使聯繫日益加強，將來政治上之
運用，自可迎刃而解。至於瑣細問題，現在似不急於討
論，倘熱振有所就商，自當相機應付，期不辱命也。謹
此密陳，幸勿公佈。忠信叩。養。

2月23日　星期五　拂曉下雪

接中央各院部會致達賴、熱振賀電甚多，並知昨日
重慶長安寺各界慶祝大會異常熱烈，蔣總裁亦親臨瞻
禮，甚盛事也。是日為藏曆十五日，大招寺四面各設彩
鐙，其製法係以青稞麵捻成佛仙之像及鳥獸、花卉各種
供品，燃以酥油，照以松炬，每世家由藏政府指定各製
一具，於本夜陳設，全市官民盛服縱游，至夜分止。熱
振及噶倫等均步行巡視，軍隊全部出動彈壓。上元張
鐙，本內地舊例，不圖於邊疆見之。賴興巴等請余出
觀，派奚、孔等參加。是日為達賴坐床之次日，英錫金
行政長官於布達拉晉見，坐東向西，其地位尚不及噶
倫。聞禮品為風琴、槍枝、望遠鏡、盧比等物。

2月24日　星期六　晴

別蚌寺漢僧觀雲、恆演等具呈請求布施甲絨康邨永
久免役，屬繾蕍洽後酌辦。觀雲並代安欽送哈達、名
片，據稱現有足疾，俟春暖再來拉薩謁譚。余以前告後
藏札薩語，屬繾蕍轉告安欽從速表示態度，蓋勿寓愛護
之意也。又以廿六日須送達賴喇嘛，初命孔處長、周秘

書等先為籌畫。

2 月 25 日　星期日　晴

　　午前別蚌寺漢僧密悟來謁，為普章喀法師致意，並稱其願與余晤譚，余以看機緣如何答之。普為藏中宿學，毀譽各半，聞有寺在郊外，或有暇便過之也。貢覺仲尼來，留共午飯，渠意頗余親往送禮，已婉謝之。午後歐陽鷟來謁，譚話甚多。是日接黃朝琴總領事來電，報告接晤擦絨經過。余復電云，擦絨為藏中傑出之才，余早知其為人，並告以不日答訪古德。

2 月 26 日　星期一　晴

　　為中央致送達賴禮品之期。午前九時由行轅出發，以八十人舁送布達拉宮。計品類卅餘種，均是國貨，且無一非上等珍品，如湘之刺繡、閩之漆器、杭之綢緞，以及瓷器、玉器、景泰藍等，皆其著者。其尤惹人注意者：

（一）為銀質嵌金字掛屏四幅，長五尺，寬二尺。第一幅係林主席款，書光昭震旦四字；第二幅係蔣委員長款，書誠感諸天四字；第三幅係孔院長款，書澤被眾生四字；第四幅係吳委員長款，書洪宣佛化四字。

（二）為珊瑚念珠一掛，計一百零八粒，每粒均大如龍眼，光彩奪目。

　　以上共二百餘件，價值約在八萬元左右，實打破歷代頒賜紀錄。余派孔處長等代表前往，禮品係點交總堪

布。然後入殿就坐，坐次及典禮節目，均與達賴坐床時
同。據孔處長報告，宮中要員頻詢余是否親蒞，蓋甚
重視此舉也。是日接黃正清電告，遵令防止班轅潰眾竄
擾，即電轉自乾。另據他報，班靈已運走草地，而自乾
前日電告，以為尚在甘孜，其辦事之未能切實，亦可概
見。午後貢覺仲尼及多德代本來見。多德謂藏兵每月發
糌粑二包、藏銀四兩，且不能按時發給，待遇甚薄，殊
難持久。又云現既歸中央統治，則本身勿須養兵云云。
此人甚有思想，亦情殷內嚮者也。

2月27日　星期二

　　早起見大雪滿山，蓋昨夜降雪也。貢覺仲尼來譚，
云此次三大寺對中央情感極佳，中央此次宣布德意，可
謂完全成功。馬寶軒來，送熱振題恕庵禮佛圖卷草稿，
另以漢文譯其意，於余備致推崇。據寶軒云，原文有
韻，乃藏詩也，屬繼續整理之。又與同人閒譚，謂目前
建設西藏困難有三：

（一）環境——過去神權貴族積習難返。
（二）經費——雖耗費數千萬，尚不易表現成績。
（三）人才——各項專門人才，類視邊地為畏途。

　　又譚傳招期間，聚僧俗數萬，任意便溺，滿地汙
穢，喇嘛、婦女於便溺時且恣意接譚，恬不為怪。此種
現象，西藏當局熟視無睹，其政治可知矣。

2月28日　星期三　晴

　　午間答讌熱振，即借其邸第設席。余與熱振共一

席，偌子、龍圖嘉錯共一席，馬寶軒作翻譯，一時
開筵，四時後散。席間余與熱振譚話甚多，記其要點
如下：

（一）熱振自稱其前輩熱振，曾代理十二輩達賴，以
內部反對，前往北京，後即病歿未歸，伊時引
為危懼。余告以既有前人為鑒，以後即不至再
有失敗之事發生，屬勿過慮。

（二）熱振自稱用人行政時有困難，余告以此種困難
彼此均所不免，惟有行其心之所安，即不必多
所顧忌。

　　熱振實心親漢，人亦天真，譚約三小時，彼此開誠
相與，甚為歡洽，余極表切實維護之意。安欽事、普章
喀入內地講法事等均譚及，余告以在藏曆下半月即將首
途東返，伊未置答。是日地方歌舞團來轅獻技，此種
團體計十七單位，均由藏境各地組織前來慶祝坐床大典
者。向例坐床及達賴年屆十三、廿五、卅七、六十之期
均必來祝，其向機關或住宅致敬，非有憂傷之事，不能
拒絕。行轅特於柳林設幕款之，計大團體犒百五十兩，
小團體犒百兩，皆歡欣散去。又接文叔、方叔等來電，
報告學業成績均多列優等。馴叔數學一門則列丙等，而
英文仍保持甲等，亦屬不易，為之欣慰。

2 月 29 日　星期四　晴

　　午前十時，余答訪古德，並致送禮物四事，東曙隨
行，譚話約一小時。古德詢余何時啟行，駐藏辦事須留
得力人否。答以留人一節，尚未決定，中國對西藏本無

何種希望，此來不過希望其安定而已，古云彼亦希望
如此。次譚及中英邦交，余云中國極願與英及美永遠為
友，目前中國仇敵祇有日本。古亦云，英國對屬地向主
開放，不欲過分干涉，故結果對英感情均好，美利堅即
其實例。蓋亦暗示英之傳統殖民政策，對藏亦不能例外
也。余又譚及歸途住朋格羅，仍請英方照料，及過加爾
各答訪問印度大總督各事，伊均表示熱誠幫忙。在我國
抗戰情形之下，對英當然取密切聯繫，此次我國對藏態
度，經此一譚，予英人以了解，在外交上亦有必要也。
午後屬纕蘅擬電致行政院，請示設立駐藏機構。原電擬
具兩種名稱：

（一）蒙藏委員長駐藏行轅；

（二）蒙藏委員會駐藏辦事處。

　　俟奉核定原則後，即與藏方交涉。又電趙芷青，屬
其洽催，大意謂中央不可於甫將統治權開始恢復之時，
過於急進，轉致影響已得之收獲云云。貢覺仲尼來譚，
藏中窮困，人民一部作喇嘛以自活，一部不堪其苦，散
之印度。將來社會經濟之破產，必有不可思議者，亦大
可注意也。

3 月 1 日　星期五　晴

　　熱振題禮佛圖辭，復令戴學禮譯之，與馬寶軒所譯者略有異同，屬纕蘅再為整理，書入卷內。其譯文如下：

雪城中有布達拉，其金室座尤精華，

雪城之主十四輩，為眾生靈而轉世。

主持登座為吳公，所攜財帛天庫同，

不服之土咸效順，太平幸福萬方共。

　　是日決定派東曙赴後藏布施，並屬先行籌備。連日與馬寶軒譚，熱振以負有政治責任地位之人，而不能舉其責，同時又無人輔助推動，其結果對人民亦不能卸責。念其處境之苦，為之感歎！

3 月 2 日　星期六　晴

　　午前以禮佛圖屬纕蘅轉普章喀法師一題，並告以余諷金剛經經過。午後貢覺仲尼偕鑄佛承辦處兩員司來謁，商五千盧比支配事。余告以祇禱釋迦、觀音像大小兩種，款如何支配及是否官價一概不問，即鑄佛一尊，亦無不可。此款陰曆年前即已交去，訖今已將一月，尚復以此瑣瑣來商，藏人辦事因循不圖至此。余以此事託熱振代辦開光交款，係有鑑於黃前專使之失，不欲再貽口實。本日對承辦員復作嚴切之語，蓋為避免麻煩起見也。

3月3日　星期日　晴

　　九時許由行轅出發，先到劉樸忱總參議墓，在拉薩市東兩里許。余及同人於墓前致祭，憑弔移時始去。樸忱為余舊識，人頗剛正，黃慕松君去後，以君主持行署事務，藏方以其方嚴，亦甚重之。乃以騎馬中風，遽致不起，良堪惋惜，埋骨異域，昔人所悲。余以其墓地狹小，復無樹木，擬為之擴充園地，並建一紀念堂。當諭賴興巴等先行轉達噶廈，並屬繽蘅、慶宗等設計。十時後到漢人墳致祭，其他在札什城東數里某山之阿，基地甚寬，墓前有土地廟一所，民國十一年，留藏子遺漢人醵資所建。據漢胞首人十餘人聲稱，民元之事，自二月初五至十月止，漢兵、漢民被藏人屠殺者不下千人，拉薩以外被害者尚不在內。聞執行屠殺時，往往執其子女，於其父母前殺之，亦云慘矣。此外伐塚毀碑，不計其數。今日義塚基址宏大，猶見前代規模。余擬捐資建碑，並補助常年祭掃經費，屬慶宗等籌劃。十一時東行約五里抵日佳寺，向例達賴呼畢勒罕在寺候旨，乃入拉薩，亦有歷史價值。十三輩達賴在此候旨計一年餘，此次十四輩達賴亦在此住宿，俟奉國府明令，乃入羅布嶺喀，循舊制也。寺址雖小，而甚精潔，十三輩達賴在位常常至此，有喇嘛廿餘人。午後一時返城。本日拉薩城內送鬼，藏政府在方招寺對門屋頂支搭帳棚，招待中央人員。英代表古德率屬坐於漢官帳棚之次，熱振、噶倫等均親臨。其所演雜戲中，首由藏兵古裝扮演進退技擊之法，次為騎兵表演，計乘馬千餘頭，中有官長，皆盛服疾馳而過，甚為狀觀。最後喇嘛數千元盛服諷經送

鬼，同時將所製木鬼送出門外，有傾葛登池巴及降神之
乃穹大喇嘛以次送出西市焚之。余派孔處長等前往參
加，據其報告如此。

3月4日　星期一　晴

　　八時往貢巴薩寺，約行廿里方到。該寺在拉薩西北
山麓，活佛為喜饒嘉錯弟子，曾往南京謁余。此次迭請
遂應，本日出迎數里，甚為殷勤。曩黎雨名君丹，曾下
榻於此。十一時續往頗章喀寺拈香，寺建於唐代，有
松簪堪布及文成公主習靜之所。小憩後復往札什曲頂，
寺為新建，寺外除道鋪毯，喇嘛捧香蕭立，普章喀法師
亦下樓相迎，同登客室，譚談約四點鐘。法師對佛法正
軌及宗各巴佛學要義多所闡述，余謂無論世間法與出世
法，一切皆唯心作用，紅教偏重神道，故不及黃教。法
師極稱余語扼要。又云西藏佛法昌明與否，於中國國運
隆替，向有相互關係，甚盼余維護佛法，尤其黃教，余
皆唯唯應之。中間辯論甚頤，不復譯記。最後到曲桑
寺，亦普章喀分院，活佛外出，留送禮品而去。本日往
返途程不下六十餘里，山徑犖确，易輿而騎，殊不易
行，迨抵城已暮色甚深矣。

3月5日　星期二　晴

　　九時先往紀倉佛寺，十三輩達賴曾駐錫於此。紀倉
佛為此次尋訪十四輩達賴赴青專員，所敘在青經過甚
多，又謂壬子兵變，該寺亦被攻擊，漢藏感情不協，要
以此為主因。余謂當日事變雖屬不幸，但雙方互有曲

直，漢人之受屠殺者甚眾，揆之情理，亦豈能平。現在
藏漢一家，過去痕跡，不必追憶，伊極稱是。次及藏中
政治，關於過去欽差在藏每年用款及內地朝佛布施，能
增進藏地繁榮。今以交通未復，設再將康、青等省亦如
例封鎖，則藏中經濟財政必更難堪，以關係論、以力量
論，祇有中央。藏人多疑，因君深明大勢，特掬誠言
之。伊極感動，謂已喻旨，當從各方盡力。又告班禪因
在中央人多，故能得各方同情，今後藏方亦宜多派得力
人員前往內地。最後謂達賴方在冲齡，伊應維護，俾其
成立，紀謂行前，當來城謁譚。紀為藏中活佛資望著
者，經驗甚多，故特愷切言之。余私語繼薌，昨與普章
喀談宗教，今與紀倉譚政治，兩者皆因人而施，各有所
宜也。次到普布卻寺拈香，旺降巴佛譚敘甚歡，伊修
持、學問均好，頗受各方榮敬。前此達賴圓寂後，藏民
大會推舉降巴興、噶登崙蘇及熱振三人為候選，其後噶
蘇以年老辭，而熱振因為十三輩達賴屬意者，抽簽復
中，遂以代攝。聞降巴平日言極寡默，此次對余說話獨
多，亦為破例，余亦盼其有機赴內地一游。午後三時抵
回回墳，余行禮後，並向回胞作簡單演說，均極感動。
回胞諷經甚虔，有學生數十人，余特以藏銀勞之。有馬
姓回胞，年七十有七，壬子之變，聚漢回同胞三百餘人
守護清真寺，連斃敵十七人，藏兵卒不得逞，而寺及人
眾賴以保安，余特賞藏銀一百兩。據告今日復見漢官入
藏，不勝欣幸。六時返抵行轅。

3 月 6 日　星期三　晴

　　午後日佳寺活佛來謁，渠年甚少，以日前失迎致歉，余甚嘉勉之。繼乃穹以將返山寺，特來謁辭，余以金表贈之。是日派朱章、劉桂楠、吳三立赴澤覺林拈香，並送各總堪布禮物。該寺為四大嶺之一，其第一輩佛封班智達，曾為八輩達賴師傅，現五輩活佛為班禪之弟，於數年前赴內地。晚間繕蒢為熱振修飾復中央各長官電稿呈閱，甚為得體。

3 月 7 日　星期四　晴

　　午前賈札代本及多傑格西來謁。賈為彭康之戚，特來致敬。多傑為西康人，住哲蚌寺甲絨康邨最久，送余綠杜母銅佛一尊。

3 月 8 日　星期五　晴

　　午間讌三噶倫及阿旺顛真總堪布，以貢覺仲尼及孔處長、張諮議等作陪。席間余以睡獅已醒喻中國復興，坐客均發噱。並提及數事：
（一）劉樸忱墓地擴充，建紀念堂事。
（二）青康滇三邊與藏境毗連，應恢復官商人等交
　　　通事。
（三）中央軍校、中央政校派送學生事。
（四）班轅流落甘孜人員資遣回籍，及班禪遺體設法
　　　護送回藏事。
　　以上各節，除劉墓擴充問題，噶倫等表示，祗要兩邊留路，可以照展，及兩校問題無適當學生可以派送

外，其餘均未確切表示，仍待各別商洽。是日挑坐送
茶，余均按內地習慣，主賓極為歡洽。

3月9日　星期六　晴

　　午前十時，集合行轅行署人員，在行轅側柳林前攝
影，以志紀念。午後派孔處長往訪龍圖嘉錯，商洽國民
代表大會西藏代表補充事項。

3月10日　星期日　晴

　　午前接蔣總裁復電云：「養電悉。此次達賴坐床大
典，吾兄主持得當，德威覃敷，邊圉又安，藏胞向化。
緬想賢勞，良深嘉慰，相機應付，自屬至當，一切唯兄
圖利之中。正寅魚侍秘渝印」等語，真可謂明見萬里
矣。同時得行政院及孔副院長兩電，對於對藏一般政治
問題，屬本前發譚談要旨，因勢利導，並先行交換意
見。對留藏辦事機構，以為行轅不合體制，辦事處地位
太低，均非所宜，應改為駐藏辦事長官公署，屬於藏方
商洽。同時復據趙芷青電告院中開會審查經過。午後訪
薩迦貢巴佛於邦達昌寓次，羅紹廷亦在坐，慶宗、威白
等同去。薩迦在紅教中最有歷史，亦頗得藏中一部人
民信賴，所至以眷屬自隨，聞其配即現任彭許噶倫之
妹也。

3月11日　星期一　晴

　　午前貢覺仲尼來探詢，余是將進一步對藏譚問題，
伊謂最好目前不譚，余答以本意如此，此事或為藏方當

局託其示意者。午後發復政院孔副院長、趙副委員長
三電，對藏留辦事機構，仍與藏方商洽，姑盡人事而
已。是日趙錫昌來電，流落甘孜班轅人員，已於佳日護
送出境。

3 月 12 日　星期二　晴

晨起大雪滿山，甚為爽適。午間應英錫金長官古德
之約，東曙、威白、問樞、國書同往，席間譚敘極歡。
余盛稱英人殖民之得法，同時以我國地大物博，內地儘
可開發，勿庸再及邊地等情告之。並泛論國民黨主義
及中國民族之特性，向來秉持中庸，不為已甚。是日午
前派孔處長赴甘丹寺拈香布施，率華寄天、李國霖、蘇
大成等同往。傍晚貢覺仲尼來譚，對噶廈希望不譚政治
問題作露骨之表示。詢其係全體意見否，又我能據以入
告否。貢答係全體意見，並可以入告。至此，藏方之心
理已可概見。聞英方代表曾警告噶倫，謂森姆拉會議條
約，英藏雙方既已簽字，即應有效。此後如與中國談判
政治問題，應先告以內容云云。證之古德所以遲遲弗
去，其意固有在也。

3 月 13 日　星期三　晴

午後派東曙往晤熱振，商討設立駐藏辦事長官公署
事。據熱振答稱如下：
（一）藏中內情複雜，人民疑慮風深，此時驟設高級
　　　機關，易滋誤會。
（二）英國代表在此未去，正密切注意中藏政治問題，

不無可慮。

（三）按照向例，此項重大問題，必先交僧俗民眾大
　　　會解決，預計萬難通過，屆時徒損中央威信，
　　　本人心殊不安。

（四）此次完成達賴坐床典禮，漢藏情感恰臻圓滿，
　　　此時吳委員長儘可先行返京覆命。本人在此，
　　　當再徐為運用，總期達到中央希望。

（五）本人受中央厚恩，無時不思竭誠圖報，既有所
　　　見，不能不掬誠相告各等語。

　　此案既非一時所能解決，而余之豔電所陳，又未邀
中央核准，因再電政院請示，預計奉復必有相當時日，
原擬歸期不能不因之延緩矣。

3月14日　星期四

　　午前貢覺仲尼、馬寶軒均來譚，並留共午餐。余告
貢此來總希望藏方於可能範圍內，先解決政治問題中數
事。色拉寺甲康村首人來謁，請求恢復舊日待遇，屬繳
蘅見之，又屬偌子擬致蔣總裁及趙副委員長電稿備發。

3月15日　星期五　晴

　　午前十一時司倫來謁，將其停職經過敘述綦詳。余
舉六股密中忍辱之義慰之，並云即吾輩在內地任事，亦
有時休息，何是縈懷。又詢余此次是否譚及政治問題，
又何時去藏，均可見其坦直。譚話約一小特，並以古佛
為贈，瀕行堅以招讌為請，余以稍遲定期答之。午後發
致蔣總裁、趙副委員長及陳布雷三電。孔處長由甘丹寺

回，報告拈香布施經過，並及甘寺形勢及宗喀巴、文成公主等事蹟極詳。惜余不能前往，為一憾事也。

3 月 16 日　星期六　晴

由行轅秘書處函噶廈商洽三事：

（一）鈔送班輦奉靈回藏，對藏政府要求之條件。

（二）中央如護送班禪靈至西藏邊境，是否同意。

（三）恢復西藏與內地交通。

以上三事，交通問題含有硬性。此節不能辦到，則其他均屬無從說起。

3 月 17 日　星期日

午前九時往乃穹寺拈香，寺為五輩達賴所建，院宇甚宏。中奉枯樹，一稱護法樹，四周滿掛經文、哈達等物，相傳乃穹之神附於樹上。午飯後重犒寺眾，並攝影紀念。午後赴別蚌寺訪康薩法師，渠先至戶外迎候，余極稱其學行之美，兼云抗戰終了後，可赴內地一游，瀕行贈余佛像一尊。三時訪功德林活佛，年十七歲，現在別蚌寺學經，再有二、三年乃可畢業。人甚謹飭，余極慰勉之。

3 月 18 日　星期一　晴

午前派慶宗、昆田、威白等往晤噶廈，是日到者，僅丹巴嘉樣一人。孔等於公函所述交通、班、靈三事之外，兼致朗瓊噶倫采玉勛章，及接洽藏國民代表人選補充事，據答俟噶倫全體會商後回復。馬和堂來謁，馬為

川人，父為川邊游擊，以後全家留藏，今已卅餘年矣，歷任噶倫漢文秘書，頗以文學見稱於十三輩達賴。據告藏中舊聞佚事甚悉，並云聯豫在藏成績尚佳，惜改革時以係滿員，遂受排斥云云。

3月19日　星期二　晴

午刻在行轅讌達賴父母及其兩兄，並童養媳凡五人，偕子作陪。達賴父母均善飲，余復餉以白蘭地。席間余極言漢文、漢語之重要，並以中國地圖示之，謂青海、西藏在國內僅一極小部分，漢語則全國通用。並云余此後必以全力維護十四輩達賴，即余去後一切，可託中央駐藏代表轉達。渠夫婦均極感激，據云世為農家，又云現所居密邇布達拉宮，每日必與達賴見面，且其第二子現為喇嘛，逐日與達賴共餐，家人情話均用漢語，決不會忘記云云。午後馬寶軒來譚，述英代表對藏當局警告之經過。據云熱振迭囑噶倫在余前行商討有關各事，速謀解決，意殊誠懇，其如環境困難何云云，亦可歎也。

3月20日　星期三　晴

午間應噶倫丹巴嘉樣之約前往，席間皆舶來罐頭及內地珍錯。余暢敘內地交通利便，時間珍貴及設備完善各情形，並云藏中有二危機：
（一）人口減少；
（二）病無醫藥，應速設法，如需中央補助，可以
　　　照辦。

　　丹聞余說頗感動，但云藏人惰性，不易謀始而已。是日李國霖、華寄天、蘇大成等自桑鳶寺布施事畢返城。據報伊等於十六日到達，寺為唐代古剎，環境幽勝，殿宇宏偉。寺僧來殿者約一百三、四十名，連同司事及多份，勉能湊足三百之數，均分別熬茶散錢。

3 月 21 日　星期四　晴

　　午前接見降維巴局長，此人現任拉薩電燈局長，先後留英十四年，與古德感情甚摯，與英關係亦深。此次來譚，表示甚懇誠，謂伊有一子，將送拉薩市立第一小學肄業，余謂將來且可至內地深造。渠又謂中藏一家，乃係天然結合，曩在英留學，與中國學生感情至洽。余譚及藏中目前需要，如教育、交通、醫藥等事，中央雖均願幫忙，但亦祇能循序漸進。伊極以為然，謂藏人多疑，不易謀始，中央如採用漸進態度，終有達到目的之一日，即伊返藏後經過，亦如此。又謂此次對英處理極好，中英對藏利害，實際上不免矛盾，而表面上十分融洽，洵可表示大國風度。因譚及蔣致余在藏時，與英方始終不見面，背後醜詆，幾至揮拳，似此殊損國家榮譽。計譚話共二小時，余極慰勉之。此人為藏中有力分子，今既竭誠表示，亦為空氣轉變之一端，似與擦絨一派，最近變更心理，互有關係也。午後接芷青、小魯皓電，知豔電主張政院已照准，為之一慰，又囑東曙、慶宗補送尼泊爾國王及總理禮品。據其代表表示，將定期約讌，擬有暇一過之。又謂該國前次出兵，係赴印度擔任彈壓，並非參戰。譚次對英亦示不滿，其傾心內嚮，

亦可藉見一斑矣。

3月22日　星期五　晴

　　午前接政院電告，駐藏機構准照艷電所陳，斟酌辦理。孔院長來電，對余備致贊揚。小魯電告政院復議時，惺甫諸君說話最多，深以為慰。午前應噶倫彭許之約，席間切言藏中醫藥、交通、教育之重要，如需中央補助人力、財力均可幫忙，並力言藏中外貨充斥，資源日竭之危機。又痛說差役之害，頭人苛索等事。彭許及其子任重本者，聞之均極動容，臨行彭許及貢覺仲尼等均於門前肅立迎送，甚恭。午後三時返轅。

3月23日　星期六　晴

　　午前哲蚌寺甘珠活佛來見，並送余石刻六字真言一方，據云乃天然長成者，亦可異也。按照現形，以設辦事處為妥，屬慶宗、昆田、國書等商組織及經費各事。又接冷杰生電，盼余歸途過西康指導。

3月24日　星期日　晴

　　午前東本格西來見，謝余致送醫藥，並云甚願赴內地一遊，余答以必為留意。東本為西康人，現年五十有七，為此間著名宿學，三大寺僧眾幾無不向其問業者，人亦恂恂無華，余心竊敬之。此次患病極重，幸賴單醫官為治愈。午後北平商人解友三來見，並致送食物。此君廿歲來藏，成家立室，遂擁巨資。此次患病，亦經單醫官治痊，特攜印度古佛來，據云在柳廈家已三百年，

歲月可想。現與柳廈合家，亦云特殊姻緣矣。是日貢覺
仲尼謂交通、班禪各問題，本日布達拉各首要會商，即
可解決。又馬寶軒來報，熱振已催噶廈等從速議復。

3 月 25 日　星期一　晴

午前發表本會駐藏辦事處正副處長委令，並令於四
月一日籌備成立，同日分函熱振、噶廈知照。午間應噶
倫彭康之約，余於彭康之漢化及熟悉內地情形深致嘉
許，復告以成立辦事處及人選，渠以屬於本會系統，甚
表贊成。復告譚及家世，其先德曾任十一輩達賴，原為
西康泰寧人，故濡染漢化甚久，有子女十一人，面目均
酷似漢人。復譚在各處設電台事，屬便與噶廈一譚，並
云我方如有諉誄，必盡力幹運。辭極誠懇，賓主歡洽，
他處所無。是晚熱振派龍圖嘉錯來謁，謂西藏僧俗官吏
對華秘書深致不滿，希望由余帶去，或任其經商，勿授
公務。余答以華秘書為張諮議所介紹，當屬其注意，同
時復屬慶宗來，責成其處理。

3 月 26 日　星期二　晴

午前往上下密院佈施。上密院在小招寺內，有喇嘛
六百人，每人散錢三兩，熬茶一兩。寺僧具餐，余略進
麵食，旋赴各處拈香，見文成公主當年手印，尚懸殿柱
間。十時後赴下密院，寺內有喇嘛五百餘人，余布施熬
茶，悉照上密院例。按上下密院，又稱上下菊巴，均創
建於明永樂帝中葉，當日創建主旨，純為改革紅教之不
良，擴充黃教密宗起見。入院者均為三大寺有學行之僧

侶，其意義略同中國大學之研究院，非已考取格西者，
不能入院肄業。內中一切待遇，均極艱苦，其住寺較久
者，得積升任堪布，甚至且有升任甘丹赤巴者。兩院均
為最高學府，而下密院尤為精嚴，學詣尤為深邃，緇林
學宿多出其中，如東本格西即為其中之一。以余所聞，
喜饒嘉錯雖得格西，而始終未入密院學習，藏人僅稱其
文學較優，於密宗則嗤其為門外漢也。再本日為余五十
有七初度，行轅中竟無一人知者。余適以此時瞻禮上下
密院，因緣殊勝，特並志之。

3月27日　星期三　晴

　　王明慶自後藏來謁，代表安欽表明擁護中央態度，
並云將電中樞以明心跡，余極嘉慰之，屬其與纘薌、
慶宗商洽辦理。是日並屬慶宗等從速呈復交查蔣致余
案件。

3月28日　星期四　晴

　　午前康薩佛來見，並贈自繪護身佛像及毯氆等物。
據云所希望於中央者有兩事：
（一）維護黃教。
（二）西藏人民困苦，衣食不究，請轉達中央予以
　　　救濟。
　　真仁人之言也。午間讌詹東、霞渣、吞巴三賴興
巴，並邀桌木總管及圖丹桑結等作陪。席間譚西藏資
源，吞巴云伊之莊田某山有礦產，各色顏料甚富，余屬
其各撿樣本，以備化驗。午後色拉寺白地甲康邨代表來

見，仍請恢復特權，屬孔處長見之。是日接小魯來電，
五原、臨河，我已收復，並知晉南軍事穩定，蒙古王公
多來渝，甚慰。又華秘書事，據張諮議報告，已託馬
寶軒轉詢熱振意見，仍以官話回答，余仍屬孔、張斟酌
辦理。

3月29日　星期五　晴

　　午前九時派孔處長、周秘書往布達拉宮達賴直轄之
札倉禮佛佈施。午後二時派東曙、慶宗持片答訪司倫，
王明慶任翻譯。司倫知慶宗留藏，甚喜，云以後如有需
要，尚盡力相助。同時余致送安欽禮物亦託明慶帶交，
並加贈明慶藏銀千兩，助其旅費。又以龍廈送余大佛一
尊，特派朱秘書章答送禮物，並代余致意。龍於十三輩
達賴在世時曾任仔本兼馬基，達賴逝世後，權垂一時，
以陰謀改革西藏政治，實行君主立憲，為同黨告發，遂
被監禁。旋於中央致祭達賴，黃專使抵藏之前幾日，為
忌者執行抉目，家屬既分別流遣，財產亦被沒收。去歲
以運動，恢復自由，然經此打擊，人亦淪廢。朱入室，
龍由兩僕扶立相迎，寒暄後，龍對委座備致謝敬之意，
並熱盼其澈底解決藏事，並謂此後如有所需，必為委座
盡力云云。譚畢招待便飯，於此亦可見藏中一般人望治
之心理矣。是日余告孔處長駐藏辦事人員遵令先行到
差，俟中央核定後，再定期舉行儀式。

3月30日　星期六　晴

　　午前接蔣總裁復電謂刪電所見甚是，已告行政院注

意等語。張諮議仍為華秘書事往洽熱振，結果答以不可
以此影響辦事處及牽涉處長問題，屬其轉陳，語氣跡近
要挾，殊非余所預期也。午後拉魯公子偕馬和堂來見，
代表龍廈致謝。余與譚及恢復交通事，伊未置答，僅云
人微言輕，無能為役云云。余深惜其父之遭遇，又追論
其改革之成因，約譚兩小時乃去。是日電告行政院，報
告設立本會駐藏辦事處及遴派正副處長經過，並決定以
行期先期通知藏方，即東曙等准四月八日行，余及行轅
多數准四月十四日行，屬同人加緊趕辦結束。午後陳文
淵之弟某喇嘛來見，請求照佛，伊兄並送佛像一尊。王
明慶來譚，報告拍發安欽通電事，電文敘明其留滯平
津，脫險返藏經過，並表明心跡，有擁護國民政府、從
服領袖等語，稿底係安欽蓋章，交王明慶君帶拉薩拍發
者。安欽深明大義，殊堪矜許。據王明慶面稱，因足疾
不克來此，將於余之歸途過江孜時迎晤。又接小魯來
電，報告南京偽組織成立經過，並稱南甯不易收復，白
崇禧、陳誠均受降級處分。

3月31日　星期日　晴

　　午前派張諮議往熱振處，告以余離藏日期，並詢答
復交通問題數事。熱振答語，極為可異，據孔處長紀錄
譚話要點如下：

　　（一）關於交通問題者，伊謂已屬噶倫、機巧堪
布、仲譯青布、孜本等好好商辦答復。據報大眾不免
有所懷疑者，一恐漢人源源而來也，二恐英、印、尼
等國忌也，三恐各國援例請求，難以為繼也。孔等均

詳為解釋。

　　（二）中藏關係問題，伊謂現在西藏情形複雜，一般看法，客氣點說，西藏係自治，坦白說西藏係獨立國，對中、日、英、俄、印、尼等，都無二致。無論西藏自身人力如何，想要自已向各國應付，無須他國代勞。前清向藏壓迫，直至軍事衝突，可見藏人之意志。且英已承認藏為獨立國，現僧俗官員中，實有不少傾向英國者，故望中央對藏之事，最好緩和，求其進步。孔等復詳解釋民國今非前清可比，今後各事無非商辦，即交通問題恢復之後，如有懷疑時，亦可商量改進等語。

　　藏人心理，於此可見一斑，余之歸志亦決。馬寶軒來，因屬其致意熱振，為最後之努力。是日盧雅格西來見，送觀音銅像一尊。晚間屬慶宗、昆田往訪貢覺仲尼，屬其再洽噶倫等，對交通為最後之努力。據其表示情況尚佳，然余以余意揚之大旨，當無甚出入也。

4月1日　星期一

　　午前嘉渣代本（代本等于中國軍隊團營長）來謁，謂已藏政府令派隨行招待，特請訓示。當告以此次歸途，騾馬每日每頭仍發銀二兩，馬夫仍每日每人六兩，並云前次所發夫價、騾價，實際上多有未領到者，且頭目人等有打夫役者，此次應予改正。該代表唯唯。

4月2日　星期二

　　派東曙訪古德，接洽沿途借住奔格羅事。午後招待員吞巴公子送噶廈復函，關于交通未能圓滿答復，且在題外涉及康藏界務問題，藏人對漢無誠意更為明顯。

4月3日　星期三

　　上午十一時拜回回教清真寺，回回寺堅請余不必脫鞋，余為尊重回族習慣計，仍脫鞋而入，禮堂甚為清潔，余拈香行三鞠躬禮。十二時應尼泊爾代表立士塔代表國王設席招待，東曙、慶宗、威白及通譯張旺同往，該代表率衛隊排立恭迓，照前清對欽差大臣禮制辦理，可謂知禮矣。

4月4日　星期四

　　午前電國府、行政院報告四月十四日離藏。得小魯電行政院已通過設立本會駐藏辦事處。晚間六時邦達昌主人羅紹廷借行轅公讌全體同人。貢巴薩佛來見，以噶當卻典贈余，云甚古，卻之不可。按噶當卻典為印度大師噶底霞入藏所造，西藏向來有佛法，而無傳法授戒之

人，有之自大師始。噶當卻典，譯言即法始塔之意，以
年代考之，距今約一千七、八百年。

4月5日　星期五

　　上午八時召集此次入藏本會訓練班學生劉桂楠、吳
三立、蘇大成三人訓話。大意：你三人是同學中最先到
藏，也是本會治藏幹部人才。你三人要團結一致，聽孔
處長的話，然後再與無線電台及小學堂謀大團結，幫忙
西藏人。此地事少，你們趁時讀書，更要保重身體，這
是對你三人臨別贈言，望注意。九時接見西藏政府新派
駐代表羅桑仁真（喇嘛），他是布達拉宮堪均，新升四
品，年四十餘，尚老成，擬下半赴行都。本日派熱振供
養費四萬兩。

4月6日　星期六

　　余此次入藏，英國錫金行政官古德招待殷勤，余現
將回國，特于今晨訪古道謝，並託幫忙途中住所。十一
時三多坡章台吉來謁，第七輩達賴是他祖先，又出三個
噶倫，真是西藏大世家。此人穩練，有任噶倫資格，
他又是邦達昌主人羅紹廷之婿，可謂是西藏有錢有勢要
人。午後接見尼泊爾代表立斯塔少校及副代表巴哈度，
他二人希望政府各給一勳章，余允代請。

4月7日　星期日

　　午後一時接見哲蚌寺新舊堪布十人。余向各堪布表
示，中央尊重佛教，保護達賴，現達賴年少，望大家一

律保護可也。

4月8日　星期一

　　奚東曙及朱章本日起行赴後藏札什倫布寺代表余禮佛、布施，事畢即至江孜與余等會合，一同東返。接見藏政府新任金川廣□寺堪布札巴喜饒，他在拉薩東南之門打汪地方任堪布數年。據云該處氣候溫和，土地肥沃，一年農產品可以三收。由該處行五日，即可乘大車至加爾各答，英人久擬佔據，時常派人測量。果為英人所有，則西藏在經濟上大受影響，于軍事上拉薩側面受敵，其危險更不堪設想也。

4月9日　星期二

　　上午接見旅拉薩北平商人解友三等七人，並送皮貨等禮品。午後接見達賴父親，送禮甚多，內有古佛四尊，甚為寶貴。接見彭康噶倫，他素來親漢，所談均關感情方面的話。接見來賓甚多，均係送禮物者。

4月10日　星期三

　　上午七時，接見彭許噶倫，所談多是漢藏感情及漢藏關係的話。余再三說明應保護旅拉薩漢百姓，否則將來影響漢藏甚大，余又表示漢藏應先辦容易做的事，不可談做不到的事。本日接見藏官甚多，均係送禮者，所送多是狐皮、藏香、佛像等等，尤以鄂噶廈送二千年以上之古銅佛、拉魯公子送自金母銅最珍貴。二千年以上小釋迦佛，此佛在西藏少有，又昌都寺送一千五百年釋

迦佛，均最寶貴者。午後約辦公處無線電台小學校同人
訓話、聚餐，其訓話大意希望大家團結保護漢百姓，在
可能範圍內幫助西藏人民，尤望大家保重身體，有暇時
多多讀書。

4 月 11 日　星期四

　　午十二時應全體噶倫公宴。余談近代軍備及作戰情
形，又勸告伊等西藏不辦學校，應設法令世家公子每日
集中一處，談一、二小時歷史、地理，或一星期讀若干
小時，以增知識。午後接見喇嘛噶倫丹巴嘉樣，談一時
卅分之久。他說攝政熱振呼圖克圖年輕，經典甚好，經
驗不足。熱振交辦事件，僧俗大會若不予通過，噶倫居
中實在難處。丹巴嘉樣是熱振親信，今如此表示，余代
熱振危矣。且熱振貪財之名傳遍全藏，又有好色之名，
余不知熱振何以善其後也。

4 月 12 日　星期五

　　午十二時應熱振之約，席間均作閒譚。熱振忽詢
余，蔣委員何以受各方愛戴。余謂其特別在肯負責任，
不惟他人不能辦之事必力任其難，即委託他人代辦之事
亦必負責到底，所以能使部屬之服從與民眾之信賴。即
如余此次入藏主持大典，係對中央負責，而蔣公則對余
負責也。以外，不畏難、不苟安、不營私利，皆為蔣公
成功之要素。復次，熱振又詢余是否出身貴族。余答以
先世為統兵將官，余乃貴族子弟。在熱振所以突然發此
問者，據聞有某國人從中挑撥，謂中國現為民國，余輩

為黨人，一切主張皆于貴族不利云云。最可笑者，熱振以近日重慶聞有變動，蔣公是否在渝為問。其為誤信讕言，可知以其主全藏政局之人，而常識缺乏如此，可為痛歎。

4月13日　星期六

　　近日見客甚多，而來見者又是四品官居大多數。從前黃慕松入藏，藏方一切統制，有事只由噶倫接洽，餘官員不準單獨來謁，即送禮物亦係統制（先將各官員應送黃禮品集中一處，然後一齊送）。余則不然，各官員可以單獨來謁，即禮品亦親自送來，因此可知藏方從前對中央與現時比較，于此可見矣。近日所收多是狐皮、藏香、銅佛、氆等，且又多送中央各要人者，棄之不可，帶之運費可關。銅佛中，以熱振送釋迦佛、降巴佛送白觀音、彭康噶倫送羅漢、□□□地墨佛送釋迦佛，均是千年內外或二千年以上，真是希有古佛。午十二時應司倫宴，此人十三輩達賴胞姪，年少有為，雖暫時不管政事，將來必有東山再起之日。余順將此次入藏與藏政府接洽經過說明，伊云藏政府無知識，致誤機會，請余原諒。晚間整理行理，十二時就寢。

4月14日　星期日

　　上午八時約龍圖嘉錯話別，有數事囑轉告熱振者：
（甲）對西藏方面者：
　　　一、中央必尊重黃教；
　　　二、必不干涉西藏內政；

　　三、西藏如需要中央幫忙，中央必照辦。

（乙）熱振個人如要幫忙，中央實必努力為之。

（丙）中央所希熱振者：

　　一、保護旅藏漢百姓；

　　二、恢復交通等等。

　　余又向龍圖說明，最近漢人土地有幾處被人侵佔，據云均以熱振名義在外招謠者。龍答之熱振代理藏王用費加大，而藏政府不另給經費，不得已經營商務與土地云云，如此熱振危矣。上午十時起程東返，全體噶倫率五品以上官吏及拉薩駐軍全部，在十里外郊送，英國、尼泊爾、不丹代表亦均出送，其他纏、回及僑藏同胞均遠送，情形熱鬧異常。藏政府特派嘉渣代本率兵沿途護衛至卓木（即亞東）。此次在拉薩三月，對于達賴轉世典禮辦理圓滿。其他方面因機會不好，及藏政府未能明白我方誠意，只得暫緩討論耳。本晚住業當。

4 月 15 日　星期一

　　晨七時出發，午後二時到曲水，仍住擦絨宅。本日大風，余乘馬行四十華里，不覺疲困。

4 月 16 日　星期二

　　本日在曲水休息，與孔處長商量今後對藏方針。普章噶活佛擬應西康劉主席之約，赴內地講經（現往後藏，經過曲水），特託纏蕙向余進言，大意如劉主席有電至本會報告請其赴西康，要求余將此電轉告藏政府。余當允照辦，並告普屆時余必竭力招待。

4月17日　星期三

上午六時出發，孔處長等回拉薩，余七時渡雅魯藏布江。是日風和日暖，心曠神怡，為入藏以來希有之佳境。九時至岡八八則，即在此處住宿，計地高一萬二千尺。

4月18日　星期四

上午五時半出發，抵岡巴拉山麓。余等憫轎夫之苦，均改乘馬，日溫風和，徐行甚適，迨抵山頂，已八時矣。俯瞰陽卓雍湖，波瀾不興，澄碧如畫，而四山殘雪，與湖光相掩映，尤為奇絕。視去冬來時，風雪載途，真是苦樂不同矣。查岡巴拉山高一萬六千尺以上。午後二時抵白地，仍下榻舊寓。該處地高一萬四千尺（所寫高度均以英尺計算），較曲水寒。日前派奚東曙等赴後藏，他們于十二日過此，留字云改由此間小道前往，預定連途中休息，五天可到札什倫布，較由江孜前往可減少五、六天時間。此等改道，適合我心。

4月19日　星期五

六時出發，沿陽卓雍湖行，風景怡人。余途中改乘快馬，十時半到南噶子，即宿此間。計行十六英里，地高一萬四千尺以上。

4月20日　星期六

上午五時由南噶子出發。本日要走兩站，因中途之札熱站，地方房屋不多，非趕至卅英里之熱隆，方可住

宿。本日天陰氣候寒，由南噶子至札熱途中，天降微
雪，嗣又繼之颶風，同人苦之。此次大風，為余等入藏
以來途中遭遇第一次。下午三時半到熱隆，同人均感疲
困。此處地高一萬四千七百尺。

4 月 21 日　　星期日

上午六時十分出發，沿山谷行。路甚危險，在軍事
上而言，到處可以防守。十一時到古西，地高一萬三千
尺，即在古西住宿。本日計行十五又二分之一英里。

4 月 22 日　　星期一

上午五時廿分由古西出發，十一時到江孜，當地官
吏及英國、尼泊爾等代表均郊迎，計行十七又三分之一
英里。江孜地高一萬三千一百尺，為前後藏鎖鑰，英人
駐兵于此，以資控制。是日在途中作去藏東歸詩。

4 月 23 日　　星期二

安欽呼圖克圖因余道過江孜，特由後藏札什倫布帶
病趕來，其誠意十分可感。特派纘薌兄代表郊迎，嗣
又派國書送供養費羅比一千元及食物等件，以表示優待
之意。

4 月 24 日　　星期三

上午接見後藏札什倫布寺送禮代表，所送多是大
米、馬料、羊肉、藏香、古佛等等，余當賞該代表藏銀
一千兩。又接見英國江孜商務委員及其軍官，該委員送

洋酒、餅乾、食物等，余派東曙于午後代表回拜，並送
禮品。又午後二時接見安欽呼圖克圖，暢談二小時之
久，彼此十分歡慰。對于西藏政治觀察亦復相同，彼此
年齡又相同，均願此生完成漢藏和好使命。

4月25日　星期四

上午五時出發，九時到紹干。計行十四英里，地高
地高一萬三千四百尺，即在此處住宿。

4月26日　星期五

上午五時四十分出發，十時抵康馬住宿。計行十五
英里，地高一萬三千九百英尺。午後起大風，飛雪花，
氣候寒。加爾各答黃總領事廿四日來，擬下月七日夜車
加侖堡迎接。

4月27日　星期六

上午五時半出發，九時十五分抵桑馬達。計行十四
英里，地高一萬四千一百英尺。上午飛雪花，午後大風
大雪，氣候寒，遍地皆白。

4月28日　星期日

上午五時半出發，九時半抵克那。計行十四英里，
地高一萬四千六百尺。

4月29日　星期一

上午四時半由克那出發，乘驢轎行十三英里至多

成，地高一萬四千七百尺。稍為休息，八時半改乘驢，繼續前進十二英里，十一時卅分抵敦那，即在此住宿。今日共走廿五英里，余能乘驢于三小時行十二英里，殊出自料之外，亦可見入藏時身體不如現在之強健也。敦那地高一萬四千七百尺，余去年十二月廿九日道過此間，身體頗為不適，極為疲困，今則精神非常快慰，飲食增加。午前天朗氣清，真正青天白日，萬里無雲。午後忽起大風，氣候轉寒。

4 月 30 日　星期二

上午五時出發，氣候極寒，午十一時抵帕里。計行廿一英里，地高一萬四千三百尺。所有帕里官吏及漢均迎數里。午後討論由亞東至加侖堡交通問題。

5月1日　星期三

上午五時四十分出發，十一時至噶薩。計行十六英里，地高一萬三千尺。今日所走多係山溝小道，異常險惡，同行人均感困苦。其形勢如此，以軍事言，最易防守。自康馬至帕里，通常在一萬四千尺以上，是高地大平原，其途中左右遠看均是大雪山，異常寒冷。

5月2日　星期四

上午五時半出發，十一時到亞東，沿途僧俗熱烈歡迎。自帕里以西至亞東途中多樹木，與我江南陰二月風景相同。西藏樹木稀少，今日見之，心中為之一快。又在藏數月未見雨，午後微雨，心中更為快慰。此次在亞東仍住郭萊先生宅，而郭先生于三星期前病故。回憶余前次臨行，郭先生帶病送至樓梯口，堅欲下樓，余堅辭之，今聞去世，實為可惜。郭之子齡方十歲，隨約郭弟及子，面為安慰，並囑郭弟好好照料郭子，又勉郭子好好讀書，以繼父志。郭先生是西藏大商人，住房甚為寬大，來往漢官多住此。亞東地高一萬尺，又云九千九百五十尺，溫度在六十度左右。今日行十四英里又二分之一。

5月3日　星期五

本日休息。由拉薩至亞東，騾馬均歸藏政府向地方支差。藏方官價每頭支藏銀四錢，余則每日支二兩，其照料各職員乘馬之伕每日給銀六兩，人民非常歡喜。至由亞東到印度，須自雇騾馬，現將大批行李經龍圖山直

運加侖堡，行轅全體同人經那圖山至錫金之岡多，改乘汽車。

5月4日　星期六

昨晚接見護送軍官嘉渣代本，他送綠度母古佛。據稱他是唔巴後人，此佛自第一輩唔巴供奉至今，嗣伊招婿，澤墨家將此佛帶到澤家，真是家傳古物。此佛未到唔巴家之先，不知若干年代，以此佛之經過及其形勢，當在千年以上。該代本護送至亞東任務完畢，余在前進即入印境，該代本辦事週到，余十分滿意，並送他禮物，望遠鏡及羅比三百元正。今晨七時由亞東出發，沿途風景極佳，等于江浙情形。經過噶鶩寺，七十五歲老活佛親在廟外歡迎，即派朱科長代表禮佛、佈施。十時到春丕，計行七英里，地高一萬二千五百尺。英人向以帕里西之噶薩起，經亞東、春丕至那圖山，呼為春丕谷。以其氣候、土壤、風景均佳，合于英人居住，垂涎久矣。午後落雨打雷，繼又落冰泡、落雪。在此數小時內由太陽而落雨、落冰、落雪，有春夏秋冬四季之現象。

5月5日　星期日

上午六時出發，行十二英里至昌姑。今日過喜馬拉亞山一萬四千尺之那圖山，遍地白雪，又遇大霧，道路濘泥，轎伕騾馬均感行路難之苦。此十二英里行六小時之久，其難走可想而知，為余等來往西藏所遇第一次之惡劣氣候，大可增同人旅行之經驗。昌姑地高一萬

二千五百尺，今晚即在此處住宿。

5月6日　星期一

上午六時出發，九時抵十里鋪。計行十一英里，均係下山，故行之較速。此處地高九千五百尺，較昌姑低三千尺，氣候溫和，同仁皆大歡喜。

5月7日　星期二

昨夜傾盆大雨，今晨方止，故遲至六時四十分起行，仍係下山。九時四十分抵錫金之岡多，計行十英里，地高六千尺，住錫金英行政官署準備之住房，頗為清潔。午後駐印黃總領事趕到岡多，他說國內軍事方面，最近各方反攻，雖未能一一得到目的，但敵軍毫無進步；在政治方面，汪之偽組織毫無意義，決難有結果；至國際方面，英法聯軍戰事欠利，尤以挪威未能得手；至印度情形，印人要求獨立或自治，迄未解決，影響出兵歐洲，英人非常狼狽。余在拉薩數月，如在鼓中，今得黃報告，乃明瞭耳。現擬在岡多休息二日。

5月8日　星期三

上午十時訪錫金王（即哲孟雄），並攝影。該王四十七歲，說流暢英語，衣服完全漢化。八時約余晚餐，以擦絨及子女作陪，禮節甚為隆重，態度尤為誠懇，並表示將來到中國遊覽。下午三時接見西藏前噶倫兼馬基（即總司令）擦絨，暢談三小時之久。他表示願奔走漢藏之間，使雙方感情和洽，並云中國應從速修

路。又云英人將築馬路至拉薩，以防蘇俄攻擊印度，余
答蘇俄若攻印，必經新疆之及克什米爾，斷不經拉薩。
英人修路至拉薩，係防中國，果成事實，中國對英斷難
量解。

5月9日　星期四

　　上午回拜擦絨，又說三小時之久。他表示願到中央
一行。我說在拉薩時，本想在衛生與教育方面為西藏幫
忙，因西藏人種及知識均發生問題，故必須開醫院、開
學校。倘中國對西藏是愚民政策，斷不舉辦此等有益
事件，而英人又不願投資辦學。擦絨答云，英人就不願
西藏人有知識。余以為擦絨能說出此語，足見他的誠
意。他本是親英主要人物，今如此表示，可見親英戰線
相當動搖。彼此談話十分接近、十分圓滿，隨拍照以留
紀念。東曙、昆田、國書及攝影師等午後先往加侖堡佈
置住處，余等明日前往。印度國際大學中國學院長譚雲
山、名畫家徐悲宏諸君均到岡多歡迎。晚間與譚等討論
印度前途，余結語云印度文字、言語、信仰、人種均無
重心，且天氣太熱，將來必自亂。而現在國民黨是印度
唯一大黨，其主張多矛盾云。余去年道過加爾各答，晤
青海馬團長輔臣，以所乘騾轎見增，並云過亞東時，即
可取用。馬伕塔登德，青海人，人亦勤謹。迨余抵亞東
時，適感不適，風雪載道，倘無騾轎載我，則余之痛
苦，顛沛未知，又將何如也。今年春暮復就歸途，計由
拉薩至亞東，余雖以籮轎身隨，而險阻馳驅，仍得其
力。騾本青海產，甚知人性，御者患難相隨，情關休

戚，既抵亞東，但私心則未嘗一刻相忘也。昨抵錫金晤
擦絨噶蘇，輒以轉增。擦絨本西藏豪貴，有五陵裘馬之
癖，余乃為二騾慶得所矣。騾之歷史有關文獻：

（一）第十四輩達賴以靈兒由青海入藏，旋即登位。

（二）余為主持登座大典大員，來往亦均乘此，可謂
　　　吉祥者耶。

　　余以此顛末告擦絨，而擦絨仍用塔登德繼續服
從，余又為塔登德慶得所矣。廿九年五九日記于錫金之
岡多。

5月10日　星期五

　　上午八時由岡多乘汽車赴加侖堡，經過該兩處山
腳，天氣極熱，至九十七度。余因由極寒地點至此，頭
覺生暈。十二時半抵加侖堡，仍住幫達昌。午後由譚雲
山介紹訪印度名人太戈爾先生，太年已八十，精神甚
佳，此次來加侖堡避暑，並在余禮佛圖提字。

5月11日　星期六

　　決定偌子、國書由加爾各答海道赴香港，再飛重
慶。余經仰光、昆明返重慶。午後加侖堡僑胞公宴。

5月12日　星期日

　　上午接見太戈爾秘書長，表示太戈爾因年高，行路
維艱，不能親來回拜。又接見西藏亡命客貴族江樂堅及
前十三輩達賴親信公比剌，面告伊等前次託余向藏政府
疏通，準伊等回藏，藏政府未能同意。云將來如有機

會，請到中央可也。德軍佔荷蘭、比利時，英、法形勢
不佳。英、法如早下決心，何致一敗若是乎。不丹小王
親來，請余明日午後三時吃茶。

5月13日　星期一

　　午後偕黃總領事、奚東曙、單醫生前往不丹小王道
治家吃茶，並有加侖堡縣長、加爾各答內政部長等作
陪，賓主均歡而散。晚七時與行轅全體同人及黃總領事
在喜馬拉亞山旅館聚餐，其談話大意：

（一）表示此次往來西藏數月，同人備嘗艱辛，現在
　　　安抵加侖堡，而入藏任務又告完成，余心十分
　　　歡慰。

（二）在藏之收穫如下：

　　（甲）熱振呈請靈兒免予抽籤，及國府明令照
　　　　　準案。

　　（乙）達賴坐床大典，中央大員恢復欽差大官面
　　　　　南坐位。

　　（丙）僧俗官員及三大寺乃穹之內向。

　　（丁）駐藏機構之確立等等。

　　我漢人統治西藏以及在藏正式設官，此為歷史上第
一次。所以能得如此結果者，抗戰三年精神之表現，與
夫蔣委員長威信之感召，及同仁團結有以致之也。末述
西藏政治、經濟、社會、文化、商務、宗教、財政、軍
事種種窳敗情形，諸君均有撤底認識。惟西藏在國防上
頗關重要，務盼回國後，多多宣傳其優越之點，俾引國
人對藏興趣，萬不可使國人對藏失望而影響國防，希望

諸君特別注意。

5月14日　星期二

接季文四日香港來電，擬約余經過香港飛渝。他前來兩電，均主余由昆明回渝，今如此改變，何不定乃爾？且龍主席約余經過昆明晤談，尤其是余未到過昆明，藉此一遊亦一快事。現在是非甚多，倘無事經過香港，對內對外都不雅觀也。

5月15日　星期三

上午不丹小王親來送禮。接見前英國駐西藏商務委員麥唐納，此人老年退休，撤底明白中印藏各方情形。偌子、纕蘅、東曙午後赴大吉嶺遊覽，明日午後七時半在西里古里車站與余聚，齊赴加爾格答。午後將直運重慶行李一百六十一件先運加爾各答，此項行李除一部份係各職員自用之行李外，其餘都是西藏所送中央各要人及余之禮品，並無貴重物件。棄之可惜，帶走運費太大，真是不上算一件事。

5月16日　星期四

午後三時半偕黃總領事乘汽車出發，藏人江樂堅、公比剌、康商三多昌、邦達昌及旅加侖堡僑胞均在郊外歡送。因正午大風雨，沿途很多大樹被吹倒，途為所阻，遲至七時到西里古里，該縣長等招待歡迎。適偌子、纕蘅、東曙已由大吉嶺趕到會齊同行，九時開車。

5 月 17 日　　星期五

晨七時到加爾各答，旅加華僑代表秦董才等到車站歡迎，遂到總領事館休息，仍住前次所住大東旅館。午後阿汪堅贊來訪，他們今晚回加侖堡，即回西藏。

5 月 18 日　　星期六

上午偕黃總領事赴邱醫處補牙，又至印度商店參觀，擬酌購土產帶回重慶，分送中央各要人。現在歐洲戰事，德軍使用大量飛機及機械化部隊，進行甚速。除荷蘭全部征復外，近更佔據比京不魯捨拉，正由比境猛攻法軍，距法京巴黎只有七十英里。英法形勢非常嚴重，美亦震動。

5 月 19 日　　星期日

上午八時出席加爾各答華僑歡迎大會，余報告漢藏歷史關係及此次入藏經過與收獲，全體歡慰而散。得昆田來電，國書病未愈，明晚不能與全體同人來加爾各答。晚七時在中華酒樓招待華僑領袖卅餘人。

5 月 20 日　　星期一

印度國民黨要人尼赫魯先生前在重慶時，約定余入藏過印度時見面。昨日尼先生來電，約余于本星期三至阿拉哈巴伊家晤談，擬明晚前往。

5 月 21 日　　星期二

上午七時昆田偕朱科長、攝影師等一行八人、勤務

三人，由加侖堡到加爾各答，惟國書因病留加侖堡調養，並留單醫官照料。國書身體弱，常生病，殊為可慮。午後八時半偕黃總領事乘火車，赴阿拉哈巴訪尼赫魯君。

5月22日　星期三

上午十時半到阿拉哈巴，尼赫魯親到車站歡迎，即下榻尼家。此地天氣極熱，今天是一百二十度，吾人初到，不慣居住，擬明日離開。赴釋迦第一次說法地方巴拉那斯禮佛。據尼赫魯云，印度國民黨抱定與現在印度政府不合作，如不納稅、不買英貨，但亦不暴動，用消極辦法。尼又云現在歐戰，英國環境困難，形勢變動甚快。午後參觀國民黨本部，房屋寬大，係尼父親捐助者。尼氏年歲雖過五旬，精神十分強健。國民黨領袖雖係甘地，然尼氏負全黨實際責任。尼氏英國留學，知識豐富，印度唯一人才，現政府唯一反對黨首領。又阿拉哈巴是印度名城，我國唐玄裝大師在此居住四個月。關于對印度之觀察已記載于本月初九日記中，茲不重述。

5月23日　星期四

上午六時乘車赴巴拉那斯，尼赫魯君親送至車站。十一時半抵巴城，該城二千多年歷史，是印度有名古城，兩面臨河，惟非常炎熱。下車後即參觀大學，規模宏大，異常整齊，遂至尼赫魯友人印度國會議員普熱客薩家休息。午餐後睡眠三小時之久，熱帶人均如此也。午後四時半，至普熱客薩父達斯家茶會。此老年七十

餘，係一哲學家，他說中國文字太難，妨害中國進步，實有改革之必要云。參觀博物館，又參觀釋迦佛講經舊址，惟荒廢已久，令人有今昔之感。聞我國唐玄裝高僧常到此處禮佛，在巴拉那斯城居住亦甚久。晚十時半乘車回加爾各答。

5 月 24 日　星期五

上午十一時到加爾各答，仍住大東旅館。得國書函，病雖稍愈，身體非常軟弱，須數日休養方可來加埠。現在決定偌子兄廿六日船赴香港轉飛重慶，蘇、陳兩攝影師及沈永年君乘船赴星加坡，再經安南赴重慶，余與行轅全體擬分乘飛船、海輪至仰光。屆時如國書病愈能趕來加埠同行，最為圓滿，否則留昆田待其病愈再行可也。

5 月 25 日　星期六

午十二時在總領事館接見加爾各答省督代表比爾，伊以總督夫婦相片贈余。據比爾云英國軍備須至今冬方能完成，且自識行動遲緩。如此云云，何能應付強而且速之德軍乎？午後接見華僑代表王志遠、秦董才等。黃總領事、副領事章文騏、主事葉俊謙諸君晚餐會。

5 月 26 日　星期日

軍委會辦公廳主任賀耀組昨年以特使名義派赴蘇俄視察外交，現經歐洲德、義等國返國。本是乘義國郵船至新加坡轉安南、昆明，再飛重慶。因謠傳義將參戰，

恐該輪中途他往，故在孟買上岸，改乘火車，今晨到
加爾各答。余特親至車站歡迎，即下榻余所住之大東旅
社。晚七時，旅加爾各答華僑各團體代表在中華酒樓設
席招待余及賀特使。

5月27日　星期一

上午在總領事館，接見加爾各答市長薛德基（回教
徒），他因國民黨要人尼赫魯到過重慶，他亦代表回教
到重慶一行，以爭雄長。偌子及徐、陳兩攝影師及沈永
年君本日午後放洋，均經仰光、新加坡，分轉香港、安
南回渝。

5月28日　星期二

午後一時應加爾各答市長公讌，並有印度名人與貴
夫人作陪。午後七時黃總領事設席招待余及賀特使，有
美國舞術小姐及加城市長作陪。近月來敵機時常擾亂重
慶，尤以廿六、廿七兩日規模更闊大，計廿六日一百卅
六架、廿七日一百六十餘架分批進擾。自開戰三年來，
敵使用一百架以上飛機一次飛行，尚屬初次，其欲速結
戰事，于斯可見。現在英、法在歐洲戰事欠利，無暇顧
及遠東，恐日本佔據安南。果爾，雲南被其威脅，滇緬
交通被其截斷，深為可慮耳。

5月29日　星期三

上午六時偕奚東曙、賀貴嚴、夏舜參乘英帝航機飛
仰光，中途大風雨，氣候惡劣，余頭暈嘔吐，甚為困

苦。午後一時到仰光，曾次長、榮總領事及華僑團體代
表計三十餘人均在碼頭歡迎，仍下榻前次所住海濱旅
館。又纕蘅及朱章、金卓民、何鴻池、蔣長春及安金叔
等今日由海道赴仰光。

5 月 30 日　星期四

仰光天氣較加爾各答涼爽，因現值雨季之故也。歐
戰于英、法不利，法通英海峽重要渡口為德軍佔據，比
國投降德國。英、法軍六十萬，被德軍包圍無退路。
敵人造謠，派代表到重慶說和，又說我方有代表在港
接洽，均經我方否認。晚七時應榮總領事宴，曾次長等
作陪。

5 月 31 日　星期五

偌子係廿七日由加爾各答開船，今午到仰光，該輪
擬在仰光停三日，上下貨物。午應曾次長庸甫讌。

6月1日　星期六

繽蕃等一行八人及行轅行李及藏方所送禮品共二百四十餘件，于廿九日由加爾各答開船，今晨安抵仰光。午後七時應熊應祚宴，他是熊斌胞弟。

6月2日　星期日

擬四號飛昆明小住，因前在拉薩時得龍主席志舟來電，約余於歸途過滇晤談，故此次應約前往也。接見旅仰光本家吳文舉、吳鐵民，均閩南人，他們最重視同姓。午後四時出席旅緬華僑總商會等團體茶會。晚七時出席僑商巨子許善明晚餐會。

6月3日　星期一

今日料理離仰光一切手束。派朱科長章、何科員鴻、蔣辦事員長春及勤務安金叔等三人押全部行李，由滇緬公路至昆明，經貴陽赴重慶，余與曹、奚、金乘飛機。惟攝影師徐蘇靈本決定由海道至安南轉昆明回渝，現至仰光，擬請求改乘飛機。余當即照準，何性情不定若是乎。買蕭福來汽車一輛，計羅比三千八百元，連增加零件共約四千元。午後至吳文舉家會餐，吳氏同宗送玉佛、象牙、金紀念章等，未免太破費耳。

6月4日　星期二

上午四時起身，五時半到飛機場，六時半起飛。曾次長、榮總領事及華僑團體代表均到機場送行。同乘飛機有曹繽蕃、奚東曙、金卓民及賀貴嚴、夏舜參、宋子

良諸君。賀、夏直飛重慶，宋經昆明轉飛安南。飛機
到臘戌未停，故到達昆明為上午十一時許，較之平日提
早。省垣各當局無一人知者，余乘中航公司所備大車入
城，下塌商務酒店。此來專應龍主席晤面之約，為避免
一切麻煩起見，故事前不通知任何方面。值此國難時
期，迎送酬酢，已非所宜，余為中央大員，自應以身作
則，矯正風氣。即無公司大車，步行入城，亦欣然也。
本會委員兼雲南民政廳長李培天來謁，並約定明日龍主
席見面。

6 月 5 日　星期三

龍主席派員再三請余住省府招待室，余堅辭不果，
只得移往。佶子二女公子遲慧閱報知余到昆明，即來
見，余與其不見面已十年矣。老友陳鳴夏來見，他想任
戰區專員，託余向蔣進言。老友劉叔雅夫婦及弟天德來
晤，他現任聯大教授，其生活仍如廿年前，未有改變。
午後三時至省府拜訪龍主席，譚二時半之久。他顧慮軍
事、財政、國際，余一一解釋，伊甚明瞭，彼此談話十
分圓滿。余又將達賴轉世詳細說明。

6 月 6 日　星期四

拜訪李協和、李印泉、劉叔雅等。晚七時應李民政
廳長培天宴，以各廳長及富滇銀行行長廖雲台等作陪。

6 月 7 日　星期五

上午八時約吳文藻君在商務酒店早餐。吳江陰人，

燕京大學教授，係由奚東曙介紹見面。拜訪省府各廳長。午後五時龍主席來訪，談二時之久。所談多是軍事經驗，彼此所見均屬相同。應滇紳由猶龍晚餐（由號奎舉）。

6月8日　星期六

清晨故友陶樸卿先生之子天南來見。此子現年卅四歲，留學法國，現在雲南大學任法學系主任。樸卿先生于辛亥年革命時，因政見不合遇難。伊子天南，既已讀書成人，樸卿當稍安于九泉也。偕纕蘅、東曙、卓民遊覽金殿。晚七時出席商務酒店李協和、李印泉公宴。七時半龍主席在省府設席歡宴，以各級長官作陪。龍主席表示歡迎之忱，余亦深致謝意。暢談之下，十分圓滿，儘歡而散。

6月9日　星期日

上午八時半到商務酒店早點。九時半偕纕蘅、卓民及上海銀行昆明經理陳順元夫婦遊覽西山。因天雨，道路濘泥，車行非常困難，未便暢遊。先遊大觀樓，再至西山腳下，預備陳光甫兄日間到滇住屋休息，並午餐。是冷食，由陳順元夫人喻德真女士親手準備，非常清潔。飯後遊西山石壁，該壁在懸岩上，面臨滇池，真絕境也。遊華亭寺，該寺富麗堂皇。

6月10日　星期一

龔鎮洲、阮照昌來訪。龔與余總角交，新由上海到

此，將久居昆明，決不降敵，令人可佩。東曙介紹陳復
光君來見，他熟習蘇俄及西北情形，暢談之下，觀察相
同。午十二時劉叔雅、毛北屏在雲南酒館招待午餐。除
襄藩、卓民外，均是同鄉。

6月11日　星期二

　　纏藩偕卓民于上午六時乘歐亞機飛渝，余于午後一
時乘中航機飛渝。龍主席派副官長楊立德代表送行，李
子厚等均到機場相送。四時到達重慶時，敵襲警報甫
解，火燄未息，余輿行所過，輒見破屋，歎傷無已。原
住兩路口新村五號寓宅，昨、今兩日被炸，倒塌過半，
因下塌纏藩春森路十號宅中。各新聞記者絡繹來訪，以
預擬之書面談話示之。其談話如下：本人赴藏主要任務
係主持第十四輩達賴喇嘛轉世坐床大典，其一切經過，
已迭見各報。此次大典，一切均照舊日體制辦理。得以
完成任務，同時漢藏感情亦更有增進，此皆我國抗戰三
年精神之表現，尤其是蔣委員長對藏威德所感召。現在
西藏地方自達賴坐床後，一切甚為安定云。各友好及本
會同人亦多來寓。晚間馴叔、文叔均在纏藩家住宿，夜
話甚久。

6月12日　星期三

　　晨起訪行政院孔庸之，留共早餐。余報告入藏一切
經過，彼此譚敘甚為歡洽，約兩小時辭出。九時後敵機
襲渝，張文白兄以車來迓，遂同赴行政院防空洞暫避，
晤知友多人。晚間訪戴院長季陶等。

6月13日　星期四

早起，見蒙古王公數人。蔣委員長約余于本日上午
■時廿分見面，余所譚共三節：

（一）入藏經過及今後治理方針。

（二）過印、緬視察，及尼赫魯晤譚經過。

（三）為過滇時與龍主席晤譚經過等等。

計談廿分之久，蔣先生以時促，約余稍緩再作暢
談。余以古佛一尊及獺皮外衣贈之，皆中土物也。本日
訪周內政部長醒甫、于院長右任、張秘書長岳軍等。

6月14日　星期五

清晨訪陳果夫，八時偕李家偉及叔仁、道叔乘車赴
鄉寓。過歌樂山時，拜謁林主席，報告藏情，約一時半
之久。十二時到家，申叔業已長高，惟仁夫人身體亦強
健，余十分歡慰。

6月15日　星期六

上午十時到鄉會接見科長以上各職員，詳說此次入
藏之經過，並勉各職員繼續努力。又接見訓練班教授胡
君等。晚間忽患胃氣痛症，經十小時，痛未能止。此種
情形為從來所未有，平時所用治胃痛家藏藥品，均用無
效，請中醫診治亦無效。至天明時請中央醫院內科主任
打針，痛乃止，然身體已大吃苦矣。

6月16日　星期日

本日胃痛雖止，而身體十分狼狽，飲食亦不能進，

且稍有熱度，再請陳醫診治。本日午敵機襲重慶，連日渝市損失頗大，惟重慶防空洞既多且堅固，故人口死傷甚少。襄叔已放暇回來，馴叔學校亦提前放暇，候暑後再補本學期大考。

6月17日　星期一

余此次係胃發炎，乃因不注意飲食，有以致之也，今日已能起床。昨日本會城會炸倒，不能辦公。德軍十四日佔領法京巴黎，英法形勢十分危險，此皆英國過去不定政策之結果也。午後五時敵機又襲重慶市，損失極重。

6月18日　星期二

胃痛雖止，身體仍衰弱，飲食不能多進。

6月19日　星期三

上午偕東曙、家偉到歌樂山中央醫，請內科主任錢惪復診胃病。據云係膽石症，影響胃部，仍須調攝（惪即古德字，所謂直心為德，中心為忠，如心為恕是也）。法國投降德國，如此急轉直下，歐戰當可早日結束，于我抗戰最有利益。宜昌前為敵人佔據，經我軍反攻克復，此于對內對外及戰略戰術之關係，影響甚大。

6月20日　星期四

身體仍衰弱，飲食未能復原。敵軍增援，再佔宜昌，我軍在宜昌近郊與敵激戰中。

6月21日　星期五

近日又患腹瀉，可謂舊病未全去，而新病將發生。總之身體不強健，遂時可招外邪也。近一月來敵機十六次狂炸重慶，其中以七次最為慘酷，我防護人員救獲得力，卓著勞績。

6月22日　星期六

美總統羅斯福亟謀國內團結，應付危機，任命共和黨人諾克斯上校為海軍部長，前國務卿史汀生為陸軍部長。諾、史二人均素來反對日本者。香港紛傳日本將佔領安南，因此局勢突趨嚴重。

6月23日　星期日

高謙來見。據云立煌縣米價約法幣一元一斗，鄉間一元約一斗二、三，棉花收成甚好，因此衣食不成問題。重慶生活之貴，不可與安徽相比也。

6月24日　星期一

上午八時到本會政治訓練班訓話。該班學生請求改為學校名稱，此乃余之素志，而出于學生請求，此風未可長也。午十二時敵機襲重慶。敵迫法停止中越貨運，我政府宣言，日本如侵越假道攻華，則中國決採取自衛措施。

6月25日　星期二

午十一時敵機襲重慶。本日午後六時周昆田由仰光

飛抵重慶。

6 月 26 日　星期三

上午十時敵機襲重慶，我空軍昨再猛炸宜昌殘敵。
飲食仍未復原，精神大為不振。

6 月 27 日　星期四

周秘書今日來鄉會，據云國書痢疾雖愈，但身體十
分衰弱，現仍在加侖堡調養。預計六月底到加爾各答，
七月初乘輪赴港，八月初由港飛渝。果能如此，則幸甚
矣。午前十時敵機襲重慶，現在敵人用慢性炸彈，往往
于解除警報後數十分鐘爆炸。

6 月 28 日　星期五

法國接受德、義停戰苛刻條件，等于亡國，非經
四、五十年奮鬥，不能復興。此後歐局重心，將決定
德、義對英之一戰。此一戰在德、義、英三方均有弱
點，就一班觀察，歐局解決為期當不遠。其解決方式，
當不出政治與外交之路，此乃我國最希望者也。午前
十一時敵機襲重慶。近日敵機來襲，每次均在百架內
外，其急欲結束中日戰事，于斯可見。

6 月 29 日　星期六

安南法當局允許日本要求，斷我滇越運輸。同時日
本威脅香港，要求英國斷我滇緬運輸。英當局有屈服應
允之說，吾人惟有堅忍不屈之精神，必能過此難關也。

上午十時敵機又來襲。

6月30日　星期日

　　入夏以來，雨水極少，糧價飛漲，旱象將成，連日酷熱，室內溫度九十六度以上。今晨大雷大雨，于農事固有十分價值，而于抗戰人心之安定，更大有關係，可謂時雨也。明日中央召集五屆七中全會，余午後五時進城，預備出席，並經過歌樂山，回看曾養甫夫婦。七時抵渝市，因新村五號既被炸倒，而借居纕蘅之春森路十二號屋近亦炸燬，只得住觀音岩本會被炸之破樓。午夜落雨，衣服均漏濕。

7月1日　星期一

上午七時在國府大禮堂舉行第五屆中央執行委員會第七次全體會議開幕典禮，蔣總裁親自主席，報告軍事、外交，會期定五日。敵宣布七月三日起開始封鎖香港，因此香港入非常緊急狀態，強制執行疏散人口，九龍英軍事機關均作必要準備。果能決心保護香港，日本或不敢冒險，而中英邦交，更有利益也。敵外相有田宣稱所謂日本之東亞門羅主義，美官方堅決表示不承認，並云對遠東事件態度不變。羅佑子、陳光甫兩兄今晨飛抵重慶，據佑子兄云麗安于昨日午後二時攜庸、良兩兒由香港香赴澳門暫住。午後四時到嘉陵賓館訪光甫兄，六時蔣總裁招待余等全體中央執監委員晚餐。

7月2日　星期二

上午六時出席第七次全體會議第一次會議（會場在國民政府大禮堂），蔣總裁主席決定各組審查委員會人選名單，並報告黨務政治等。午後六時第二次會議，于院長主席，軍政部何部長報告。據云現有正規軍二百七十師、獨立旅六十五旅，其他特種兵及游擊隊尚不在內，總計兵員約在五百萬。萬一敵人果封鎖滇越、滇緬計劃成功，以吾人現有力量，再戰兩年亦不成問題。

7月3日　星期三

午前六時出席政治組審查會。八時偕昆田、小魯乘汽車至新橋，改乘滑桿約一小時，至華嚴寺居院長覺生

家午飯。午後四時偕居進城出席第三次會議，孔副院長
主席，通過要案數件。

7月4日　星期四

今午敵機襲渝市，中央、重慶兩大學復遭慘炸。余
偕昆田、小魯至新村三號外交部官舍防空洞躲避，該洞
在二年前建築，國幣六萬元，現在約值二十萬元。外交
當局以此洞不能保險，不敢使用，余近年以三號及在余
前住之五號間壁，常借用此洞，故今日仍避該洞也。

7月5日　星期五

上午六時出席第四次會議，蔣主席並演講國際局
勢，其大意我國應以太平洋與九國公約為外交中心。又
云日本擬趁英法軍事失敗獲得英法遠東利益，求德國諒
解。德國不但不理他，最近要法國出兵三師團、兵艦八
艘，保護安南云云。八時卅分散會，余即偕高等法院長
焦易堂兄至新橋製藥場。十一時卅分敵機襲渝市，余等
即在該場山洞躲避，結果敵機被我機攔截市空以外。午
後六時出席第四次繼續會議，仍由蔣主席，八時散會。
余非常疲困，胃稍痛，未能晚飯。遂接見軍事委員會工
作幹部訓練團第四團總教官汪伏生君。汪桐城人，美國
留學，少年有為，係由東曙介紹來見者，此團歸胡宗南
君管轄。日本獨霸東亞企圖，美國始終表示反對後，復
將海軍開回檀香山，同時美國海軍以日本為假敵人。最
近美總統羅斯福頒布四十六種貨物出口禁令，而對日本
最需要之美國碎鐵與汽油兩種，尚未在禁令之列，未免

美中不足,尤可見美對日無決心及軟弱耳。日本在國際
間,過去是孤立,現在更是孤立,而我國則得國際之同
情,其最後勝利必屬于我也。日本對華作戰三年毫無結
果,近又不能對英、法趁火打劫,且各派意見複雜,互
相頃軋。其內困于煩悶,外惑于貪慾,其矛盾可想而
知。就政治常理論,該國如不發生變化,是無天理也。

7 月 6 日　星期六

余因身體不適,請假一日休養。英迫法艦屈服,發
生激戰,法艦大部入英掌握。英能使法艦不為德、義所
有,英國仍不失為海上霸權者。法國務會議以英攻擊法
艦,決議與英斷絕邦交。最近歐洲戰事瞬息萬變,為有
史以來所僅見,就余以英、德利害之研究,英、德必
有和平談判之可能。如歐戰迅速結束,是中國所最希望
者也。

7 月 7 日　星期日

今日七七事變抗戰三週年紀念,余上午六時至國府
大禮堂參加紀念,由林主席主席並報告。今日蔣委員長
告全國軍民書,內有我抗戰旗幟鮮明,必須敵軍全撤出
國境以外,恢復領土及行政完整。我們的任務不但抗暴
日、救中國,並且救亞洲、救世界。我們的軍事由被動
轉為主動,由防禦轉為進攻,最後勝利有把握云云。

7 月 8 日　星期一

上午六時至國府大禮堂參加紀念週,繼開談話會。

同志中頗有以此次全會之中心意義何在為問題者，按之事實，確無中心意義之可言也。八時半散會。十時又有警報，即偕昆田、小魯、芋龕驅車至新橋中國製藥場防空洞躲避，適居覺生、張溥泉等均在該處。解除警報後，即在焦易堂兄處晚餐。午後六時偕居覺生進城開會，見國府路兩側房屋多炸毀，或在焚燒。今日敵人所使用多係重量炸彈（約在千磅左右），損失較為重大。國府大門牌樓亦毀于彈，而大禮堂尚存，但屋瓦已飛，電燈亦壞，乃在燭光之下舉行大會。蔣先生主席，通過大會宣言，並由蔣致閉會辭。中有抗戰之至今日為最嚴重階段，雖勝在望，但必有一更艱苦之努力。七、八、九，三個月尤為最後關頭，此正如天要亮時之黑暗時期云云。散會後回蒙藏會，本日會內又重炸彈，余住居之樓亦震塌。警察總隊有一衛兵，因求些須微利，下彈坑拾炸彈破鐵（可出賣），受毒倒斃，頗為可惜。余既無住處，臨時赴蔣雨岩兄處借宿，滄桑瞬息，變化靡常，此時代之人生大抵如是。

7月9日　星期二

上午八時偕芋龕、昆田下鄉，九時半到家。十時許敵機襲渝市，我機與之大空戰，我機擊落寇敵四架，另有五架受重傷。德飛機無聲飛行為世界第一次使用。最近德轟炸機停閉引擎飛行達一英里之遙，無聲飛行到達倫敦城市上空。

7月10日　星期三

　　敵機昨日一戰，傷亡極重，今日上午十一時許，敵機九十餘架竄入本市近郊，因我機早已準備迎擊，僅在渝西某地擾亂，向東逸去。此次七中全會，行政院決增設經濟作戰部，現在經濟部改為工商部。又中央黨部增設婦女部。

7月11日　星期四

　　午後二時護送班禪靈櫬回藏專使趙友琴來談，以為對西藏、對班靈非有實力，只說空話，斷無結果。故決定趙先赴青海與馬主席接洽後，再定辦法。趙本晚住宿本會。

7月12日　星期五

　　趙專使早飯後回北碚。近日天氣酷熱。

7月13日　星期六

　　指示道叔今後工作方向如下。軍事工作有三：

（1）帶軍隊；

（2）軍事政治工作；

（3）軍事教育工作。

以現在抗戰建國大時代，應該帶兵殺敵。但你兄天幹、你弟敬叔均病故，且上有老母，而目前又未帶兵，故第一項帶兵殺敵可緩議。至第二項軍隊政治工作與你性質不相近，只有從事你素來軍事教育工作，而教育工作又以你現在所任技術教育最為適宜。故決定伊即日回

柳州機械化學校任管理學生隊隊長職務。機械化為軍隊
新興事業，吾人此次抗日就是機械落後，致不能連勝頑
敵也。

7月14日　星期日

午十二時接見額濟納旗札薩克特王，此人自外表觀
之，極為穩練。查額旗通外蒙要道居延海，在其北面地
方十分重要（該王名塔旺嘉布）。午後接見本會委員誠
允，他現在西康辦小規模實業。在此非常時期，能盡個
人之力，于私于公均有利益。

7月15日　星期一

午後二時接見新疆和碩特旗札薩克拉王（名拉德那
伯的），此人甚為誠實，深信佛法，到西藏禮佛二次，
與新疆當局不甚融洽，擬往青海暫住。余當聲明將來回
新疆或暫住青海均當幫忙，以安其心。

7月16日　星期二

錄大公報七月十二日社評大意。
摘「由七七書告看政治進步」
該篇精義，全在「領袖的風度」一段。大意謂，凡
能有所建樹的大領袖，必須具備「能用人」、「肯聽
話」的兩要件。唐太宗之用魏徵，而成其貞觀之治，可
為最好先例。又謂領袖用人必須能博、能專，博則能打
開戚黨的小圈子，專則能使人盡其才，事盡其功。至若
有位者，未必有權，該說話的張不開嘴，乃是至危之道

云云。均屬率直議論,國民政府所在地,如此言論,尚
屬罕見,于社會人心,難免影響也。

7月17日　星期三

正午十二時設席招待在行都王公康達多爾濟、塔旺
嘉布、拉德那伯的、奇俊峯、巴雲英、奇玉山等,並以
本會委員白雲梯、誠允等作陪,連王公隨員共約卅人。
英國竟接受日本要求,停止緬甸及香港對我內地運輸
三個月。英國此舉,是一個違法背義屈讓,且將更召不
測之禍。因為日本是一個唯力是視國家,他欺軟怕硬,
得步進尺,是無止境的。英國此舉,甚不聰明,既傷四
萬五千萬中國人心,更將失去美國信任。我們為維護我
國利益,要對英國嚴重抗議,一面謀自力更生,靠人幫
忙,是靠不住的。又英國並以此三個月為中日媾和時
期,未免欺人太甚。且美國日前亦宣稱亞洲者亞洲人之
亞洲,關于安南問題,應由亞洲人自商辦法。此種言
論,無異自毀九國公約,退出亞洲,未免令人失望。國
與國的關係在交通,今英斷我緬甸運輸,就是斷絕關
係,間接與美國亦不交通,無異對美斷絕關係。當此嚴
重關頭,應取斷然方式,不能再用耶穌教方式的外交,
一誤再誤也。昨日午渝空戰,擊落敵機三架,我飛將軍
丁壽康殉國。

7月18日　星期四

敵米內內閣因軍部表示不合作,提出總辭職,前總
理近衛文麿奉命組新閣。英國停止我緬甸運輸,美國發

表聲明，認係對世界貿易不正當之阻礙。

7月19日　星期五

英日關于封閉緬甸路線之協定已于昨日在東京簽字，協定中曾規定日本應于十月十八日以前之三個月內，設法與中國成立全面和平云云。我們與其怪英人自私無信義，不如怪我外交當局辦法太死。日本今後當然對我威脅利誘，我們只有團結內部，本素來赤手空拳革命精神向前邁進也。

7月20日　星期六

接見伊克昭盟保安長官公署參謀長褚大光。他此來行都請發保安訓練經費，託余向中央進言。

7月21日　星期日

朱科長等運行李等件已到貴陽，日間換車來渝。

7月22日　星期一

接見外蒙烏里雅蘇台活佛迪魯瓦。據云外蒙寺廟久經充公，喇嘛還俗，活佛多被殺，希望中國維持宗教。他以重慶太熱，擬往俄眉山禮佛。

7月23日　星期二

連日天陰微雨，熱氣大減，通常在七十五度以上、八十五度以下之間，異常舒適。

7 月 24 日　星期三

　　趙友琴偕丁傑佛來謁，丁午飯後即回北碚，趙留住一日。研究班禪靈櫬回藏問題，均主用簡單方法，以速了結為原則。趙即日飛青海與馬主席接洽，並發給趙旅費一萬元。

7 月 25 日　星期四

　　敵近衛文磨內閣成立後，政策平庸，陸相東條談新閣緊急任務，就是合理及有效的解決中國事件。以我抗戰三年，敵感泥足日深，至五次改組內閣，今仍如此平庸，其危險更可想而知。美輿論界觀察，倭將在南洋蠢動，美海軍要求關島設防。又倭首相演說，加強德、義、日軸心，美感覺不安。

7 月 26 日　星期五

　　故友高季堂兄之胞侄朝新，曾由余介紹在軍政部任科員職務，近忽發神精病，昨日由部派員將朝新送至余處。余特約伊兄朝宗、朝元，今午將朝新帶往北碚診治，並先給醫費一百元。朝新得病原因，聞係幻想一位張小姐所致，俗謂桃花癡是也。古人云，男大當婚，女大當嫁，真不虛也。

7 月 27 日　星期六

　　美日商約廢止，本日適滿一年，美羅斯福總統聲明實施石油、廢鐵禁運，滿載石油之貨輪被當局扣留。暴日聞此晴天霹靂，認為事態嚴重。美國此舉是對近衛

內閣當頭一棒，惟望美國堅守不移，予侵略者以應有之打擊。

7月28日　星期日

朱科長運行轅行李已于昨日到渝，不過海關尚須查驗，約有數日遲延。入藏來往之麻煩，于斯可見一般矣。

7月29日　星期一

第一戰區司令長官兼河南省政府主席衛立煌午後來見。他擔任晉豫戰事三年之久，迭奏奇功。衛于民國四年由余介紹入中華革命黨後，隨余轉戰閩、粵、桂，由下級小官升至中級官。此次抗日有功黨國，余亦無限黨榮，實深快慰。衛表示戰後出家自修，余勸其繼續努力，須至六十歲方可丟手，並送伊佛像等。

7月30日　星期二

行轅行李既已到齊，國書亦來電即日由滇飛渝，除單醫生問樞因個人私事須赴香港外，行轅全體人員平安歸來，十分歡慰。余入藏數月，會務由趙芷卿副委長代行，一切平順，余定于八月一日到會視事。此次往來西藏成詩四首如下：

（一）入藏途中感病

西藏高原氣候寒，長途抱病苦登攀；

此行本具安邊策，生死從來付等閒。

（二）去藏東歸

此來圓滿東歸去，全藏人民信佛深；

遍野荒山無一物，有心有願作甘霖。

（三）重過喜馬拉亞山

世界高峰喜馬拉，征人過此苦辛嘗；

原來都是中華地，寄語同胞莫善忘。

（四）破例

四十餘年不作詩，今朝破例偶為之；

回思韻目都忘卻，說與君知君莫嗤。

7 月 31 日　星期三

在東京被捕之路透社記者考克斯突然身故，日方發表係墜樓斃命，英國駐日大使克萊琪抗議濫捕英僑云。此皆英國封鎖我滇緬運輸線，對日軟化有以自取也（日以間牒罪已捕英僑十三名）。今日敵機襲渝市，擊落敵機五架。

8月1日　星期四

本日到會辦公，上午八時接見訓練班學生王德淦等，對于他們要求將各地調查組改為辦事處，及本會職員與調查員對調案。余答設立辦事處有關國家法令，職員調動關係長官用人權衡，非他人所能要求者。至請求提高待遇一層，雖昨年已加薪二次，本年又加交際費，但仍可在可能範圍內予以注意。不過向各處函電請願，殊為失當云云。上午九時主席本月月會，余報告入藏經過及整理會務，望同人努力，勿鬧意見。最後報告我方確可最後勝利，民族絕對復興，日本對我絕對無辦法，光明即在目前。十時東公旗福晉巴雲英、烏審旗協理奇玉山等獻旗。午後十二時半接見丁傑佛、羅桑堅贊等，伊等請求班禪佛體回藏，隨從人員予以旅費，不回藏者予以位置。余允照辦，並告以已由趙專使前往青海先與馬主席接洽矣，中央對班禪大師當始終負責云云。

8月2日　星期五

國書昨日飛抵重慶，今日來見，身體尚未十分復原。總算平安歸來，誠不幸中之大幸也。

8月3日　星期六

日本三菱公司倫敦支店經理牧原為警廳捕去，聞三井倫敦經理田邊亦被捕，敵國人士均極震動，英日關係將更惡化。但警廳此舉，係照國防法規之規定。其內容當然因考克斯慘殺，及他英僑在東京拘捕案，出此報復。倘英國早有決心，何致如此也。

8月4日　星期日

美國海軍統帥部估計，美日如發生戰事，美國艦隊僅須三星期之時間即可將日本海軍逐出公海。屆時日本僅有兩途可循，苟非立即屈服，即受美國封鎖而發生慢性之饑饉云云。

8月5日　星期一

由西藏攜來藏人所送禮物業已運至鄉間，連日與昆田計劃分配，轉送中央各當局，並派小魯親送，事之麻煩，未有甚于此者。本會全體職員亦分送，皆大歡喜。

8月6日　星期二

敵謀趁機攫取南洋資源，外相松岡有具體計劃，組織國策社會，從事侵略。敵如此舉動，徒使英、美對遠東並進，及美國對關島等處設防，與夫美、俄接近。不過我方物價飛漲，及國共兩黨意見亦屬可慮。

8月7日　星期三

滇緬公路之非禁運貨物之運輸業已恢復。近一星期中，辦理分送西藏帶來禮品，擬下星期二出席院會。

8月8日　星期四

大批敵艦向越南猛進，越南形勢突緊張。越南如為敵佔，則昆明受威脅，殊為可慮。

8月9日　星期五

今午敵機九十餘架襲渝城，分別在大樑子、朝天門、上清寺、曾家岩及南岸海棠溪、龍門浩投彈甚多。近數日來，敵機襲渝以今日較慘，很多房屋被縱火。法國政府已照會我駐法大使，謂如安南受侵略，法國必予以抵抗。法國現為德國控制，法國態度，也就是德國間接態度。此與日本所謂德、義、日軸心，當然大有影響。

8月10日　星期六

近日天氣轉熱，而蚊蟲又多，居住頗不適。

8月11日　星期日

與國書、小魯、昆田磋商整理會務及充實人事等等問題。余近二年注重本會政治，已有很大收穫，而會內事務因此廢弛，且人事複雜，更非他機關可比也。

8月12日　星期一

上午九時出席本會紀念週，並訓話，決定繼續組織本會職員消費合作社。午十二時渝市空襲緊報，敵機炸自流井及瀘州。午後四時偕昆田進城，因原住房屋均炸燬，故在王世和家借宿。適防空司令毛邦初君亦借住王宅，彼此晤談甚歡。晚七時應吳市長國楨晚餐。

8月13日　星期二

余因赴藏不出席行政院會議已十個月矣，今晨七時

半政院例會，特往出席，由蔣院長親自主席。蔣因管理
黨政軍事務較煩，平時很少到行政院主席開會。十時訪
上海銀行趙漢生君，十一時偕昆田、芋龕回鄉。

8 月 14 日　星期三

居院長覺生夫婦來訪，留午飯。居近與所屬最高法
院院長焦易堂君稍有意見，彼此均向余有所議論。余以
雙方均係余之老友，實未便有所主張也。

8 月 15 日　星期四

近日到會辦公，擬慢慢轉變各職員辦事精神。惟社
會物價飛漲，各低級職員極感困難，連日由各高級職員
會商，向政府請求補救方法。現在物價與一年前之比較
約長四、五倍或長七、八倍，如去年由永興場坐滑杆到
鄉會不過四角，今則二元矣。此等物價，如無法減低，
于抗戰前途難免多少影響也。

8 月 16 日　星期五

重慶大學校長葉元龍昨日午後來鄉寓，留宿夜。他
因需用，擬暫時通融三千八百元，余本無款，祇因歷年
同事感情關係，故在行轅經費項下暫挪以應之。

8 月 17 日　星期六

連日重慶發緊報，但因我有準備，敵機均未能入市
空。惟今夜敵機兩次擾亂市空，使我不能安眠，非常討
厭。其在城內同胞之疲困，更十倍於我也。

8月18日　星期日

本日為余任蒙藏委員會四週年。此四年中，三年抗戰，對邊疆雖未能積極有所建樹，然于消極方面亦未生事，達到安定邊疆之目的。惟對藏辦理達賴坐床典禮，及對蒙辦理成吉斯汗移靈，此均邊疆之重大事件也。

8月19日　星期一

昨夜敵機襲渝市，又使我們不能安眠。九時出席本會紀念週。午敵機一百九十架炸重慶，大火，損失重，數千人無家可歸。十五日德國飛機千三百餘架進襲倫敦區，英國飛機四百架起飛應戰。相形之下，數量上自佔下風，但英機取守，損失較少，此為英德第一次大空戰，亦可謂世界第一次大空戰也。將來空戰之進步與擴大，勢所必然，海陸兩軍威力，則大減矣。

8月20日　星期二

上午四時起身，五時進城，七時半出席行政院會議，蔣主席並派余下星期一出席中央紀念週，報告此次入藏之經過。十時訪白建生，談邊疆問題，即在白處午飯。適有空襲緊報，余即回鄉，計敵機一百七十架在渝市上空狂炸，被我擊落四架。全城精華幾焚燒殆盡，死難同胞數百人，無家可歸約萬人。

8月21日　星期三

英首相邱吉爾演說，英決作戰到底，德願戰至何時，英俱願與週旋。英、美兩國早已利害與共，英將西

半球屬地借于美云云。英、美既合作，戰事必長久。

8 月 22 日　星期四

王葆齋兄特來訪、留宿。他雖老而強，尚可做事。接見甘孜香根佛代表汪修、孔洒土司代表根敦巴覺、班禪行轅衛隊大隊長何巴敦等，他們均因與甘孜廿四軍衝突，率部退至玉樹者。他們對西康劉主席表示不滿，余表示中央對你等負責任，一切聽命令可也。

8 月 23 日　星期五

傳暴日壓迫法政府，法對越事將屈服，同時英、美兩國表示關心越事。而日外相松岡演講南洋政策，決不顧阻礙，邁步前進。但我方應極積準備軍事，待敵對越發動，我即入越與之週旋，如此方能鞏固昆明。

8 月 24 日　星期六

準備出席下星期一中央紀念週報告，余素來不喜演說及發表談話。

8 月 25 日　星期日

午後四時偕昆田、芋龕進城，因住屋難覓，特假重慶新村廿一號邱委員丙乙家暫居。

8 月 26 日　星期一

上午七時出席中央、國府聯合紀念週，在國府大禮堂舉行，蔣總裁主席。余報告提為此次入藏辦理達賴轉

世事，計分四段：

（1）達賴轉世之歷史（從黃教源流說起）。

（2）第十四輩達賴轉世坐床之經過。

（3）此次之收獲，如樹立信用、收拾人心、解決班禪
　　　靈櫬回藏問題、解決安欽呼圖克圖偽組織問題、
　　　設立駐藏辦事處。

（4）此次圓滿結束之理由，如抗戰三年之表現、蔣委
　　　員長威德之感召、此次不帶衛兵入藏、調整中央
　　　與前藏事宜、得前藏政府之信任、此次入藏人員
　　　之整齊得藏人之重視。

　　　結論：對藏主權，絕對收回。如欲鞏固西藏，須有
實力，要從建設青、康兩省做起。就國防言，須掌握喜
馬拉山，方可左右亞洲。不述此次經費，黃前專使入藏
經費比較，現在物價高漲、用款廣，黃專使當時外匯率
之比較，則此次用款，與黃不相上下。現款有多，正在
清算，繳國庫云云。

　　　全場聽余報告，異常興奮，異常重視，聞所未聞，
余亦自覺十分滿意。此乃在中央服務四年第一次演說，
所謂不鳴則已，一鳴驚人。此于余將來政治前途，亦大
有關係，因中央同人以此次演說，與對余從新認識也。
計一小時又十五分完畢。

8月27日　星期二

　　　上午七時出席孔子誕辰紀念，孔德成以人、時、中
為中心演講孔子學說。午後訪朱騮先，談邊疆及一般政
治問題，時間甚久，留晚餐。

8 月 28 日　星期三

昨日院會因孔子誕辰放假，改今日上午七時半，余依時前往，仍由蔣主席。通過以張文白、王東原為軍委會政治部正、副部長。

8 月 29 日　星期四

盛傳法、日談判，法已允將廣州灣借與日本作為海軍根據地，同時正在交涉假道安南侵我領土。我外交當局昨發表重要聲明，敵如侵安南，犯我領土，我決派兵入安南自衛。

8 月 30 日　星期五

上午八時帶申叔到陳家橋禁煙委員會看纕蘅，即在他家午飯，他現任該會常務委員。午後偕纕蘅、申叔到白鶴橋鄉間訪馮煥章先生，馮進城未回，由其夫人李德全接待，又就近訪鄒海濱夫婦。

8 月 31 日　星期六

現在國際間之大國，如德、義、英正在大戰，美國正在擴軍，蘇俄觀望投機，雖皆同情于我，但均不能對我極積幫助，日本當然仍以對我為唯一目的。我軍事當局迭次表示，軍事確把握，但物價飛漲不止，無法平低，是我抗戰中最大問題也。

9月1日　星期日

上午九時出席本會月會，演講軍事第一，勝利第一，精神集中，力量集中，並勉同人努力。午後四時偕昆田進城，仍住邱宅。

9月2日　星期一

上午七時出席國府紀念週，蔣總裁主席。居院長報告食糧問題，他以人民手中有糧食，所困難公務人員耳。午後訪戴季陶，他將往印度。

9月3日　星期二

上午七時半出席行政院會議，據外交當局報告，日法談判安南借道侵華問題已簽字，滇桂形勢更趨嚴重。孔副院長前因病請假，今日出席院會，外間謠傳伊將退休，當可大白。訪陳果夫，談本會訓練班改校事。余主張中央訓練邊疆人才應採統一辦法（就是一元化），否則本訓練班必須改為學校，雖礙教部規章，亦無法耳。

9月4日　星期三

召集方科長等磋商國民大會蒙藏選舉事。

9月5日　星期四

此次西藏送佛九十餘尊，皆係舊的，余又託藏政府新造八十餘尊。自到行都後，新造的將送完，而舊的送出卅餘尊，本日特將餘存之佛，加以登記及裝箱。愛佛固好，但煩惱實難免也，何苦來哉。

9月6日　星期五

英、美兩國簽定海軍協定，美以逾齡驅逐艦五十艘予英，交換英在西半球根據地租借權，目的在確保兩國安全，如此英、美實際合作，則美國有隨加入大戰可能。日本認為美、英在大西洋合作，有另在太平洋合作可能，感覺不安。美國國務卿赫爾兩度照會日本，美極關切越南安全，聞德元首希特勒亦不贊成日本侵犯越南。日本忽撤回對越南所提最後通牒，侵越企圖將成泡影。我們最要注意者，敵人突破我中央重慶。

9月7日　星期六

昨夜發胃氣痛，通夜不能安眠，但較上次輕，至天明痛止，今日睡眠休息。午後高等法院院長焦易堂兄來，他因懲辦役工犯刑法，決辭職，託余向居院長說項，辭職後勿使其難看，並請居在政府代覓吃飯事宜云云。余允代為轉達。余感覺焦年老，家口重，無積餘，殊為可慘。

9月8日　星期日

午後偕昆田、申叔進城，經山洞訪魏秘書長夫婦（鄭毓秀），並遇王亮疇夫婦，魏、鄭二人招待點心。又順拜邱丙乙、何雪竹，在邱處遇見四川現在軍事要人潘文華（號仲三），他的軍隊駐在四川境內，現任四川綏靖副主任，在四川方面有舉足重輕之勢。

9月9日　星期一

上午七時出席中央紀念週後，隨由余召集國民大會遴選蒙藏代表資格審查委員會，居院長、戴院長均出席。德機四千架大舉轟炸倫敦，各區大火，死傷千數百人，為倫敦歷史上所未有。芋龕約晚餐。

9月10日　星期二

上午七時出席院會，決議將本會所辦政治訓練班合併中央政治學校附設之邊疆學校。此與我素來主張邊疆教育一元化相合，故贊成，亦可對各方表示我大公無私，不為私人造勢力。且中政校是黨校，蔣總裁為校長，更應合併辦理。據外交部長報告，法與日簽定準日軍借道越南侵華，形勢又趨嚴重，我軍事當局決定破壞滇越交通。午後偕芋龕、昆田、申叔回鄉，經過和尚坡，訪陳樹人兄，他的電話「六四五一」。

9月11日　星期三

接見策覺林活佛，他是拉薩可以代理藏王六大呼圖克圖之一，地位甚高。他是班禪大師弟弟，因班禪與拉薩政府不和，影響于伊。

9月12日　星期四

法屬安南默認敵假道，我破壞滇越鐵路河口鐵橋，實為最正當自衛之措拖。現在敵準備安南登陸，似已完畢，祇待機會到來即實行。所謂機會者，歐戰之變化耳。一面謀突破重慶，惟以握把不多，尚在徘徊，或終

須一試耳。

9 月 13 日　星期五

訪本會委員白雲梯，他自抗戰以來態度堅定。馮副委員長煥章來訪，他現住鄉間，離我處約七里，他行年將六十，來往皆步行，其精神可佩。

9 月 14 日　星期六

擬保舉奚東曙君為本會委員。伊于清華大學畢業，又赴美留學，回國後在上海銀行服務，曾赴西康考查，此次又隨予入藏，甚為得力。

9 月 15 日　星期日

最近數天，日明月朗，敵機晝夜襲渝市，于本星期五（十三）正午十二時許被我擊落六架。我機亦有一架未曾歸隊，我空軍勇士司徒堅壯烈成仁。

9 月 16 日　星期一

上午九時出席本會紀念週。接天植來函，家鄉生活甚高，米已買至一元二升，與高謙六月廿三日來所云一元一斗二、三升之說，相差太遠。高說話不確實，于斯可見一般。高朝新癡病未愈，余日前再送旅費四百元，交朝宗送其回籍。

9 月 17 日　星期二

晨三時半起身，四時半進城，七時半出席行政院會

議，孔副院長主席。他今日所說的話多是悲觀，尤其是說經濟危機，財政無辦法，自願讓賢。孔在政府居重要地位，如此說法，殊令人懷疑。十時散會，余即偕國書、繼雅回鄉。院會發表東曙本會委員。

9月18日　星期三

今日為良叔滿三週歲，伊係民國廿六年九一八夜十一時生（即廿六年陰曆八月十四日）。光陰過得真快，不覺三年。當良兒出生之時，正是我空軍猛攻上海敵艦之時，砲火連天，聲動屋瓦，惟望良兒成人，為國報仇。

9月19日　星期四

內政部長周醒甫兄，本日正午十二時，在陳家橋傅家院為其次女公子靜和與趙異安君舉行結婚禮。余偕趙副委員長及少魯于上午十時親往致賀。越南局勢逆轉，河內日僑開始撤退，越軍亟願與日一戰。同時泰越形勢一緊張，對越要求，法當局已拒絕。

9月20日　星期五

近日天氣風涼，使人精神爽快。惟戰區人民與前方將士尚穿單衣，而米糧又昂貴，其饑寒可想而知。我等安居後方，心何以安。

9月21日　星期六

惟仁夫人今日五十晉七壽誕，全家人均平安。方、

文、襄、馴、申諸姪兒女輩均在家，中午吃麵，皆大歡喜，其樂何如。當此非常時期，能好此安然，皆天之所賜，應焚香禱謝也。

9 月 22 日　星期日
午後四時半偕昆田、芋龕、卓民進城。

9 月 23 日　星期一
上午八時至軍委會出席中央紀念週，蔣雨岩報告視察雲、貴兩省情形。九時禮成後，開談話會。據外交當局報告，日法協定簽字，日軍已在越南登陸，日軍六千名駐守東京區三空軍根據地，法方又允許日軍假道侵華云云。日軍此舉表面說假道侵華，其最大作用是南進，亦藉此探英、美態度。美國迭次聲明關切越南，如美國仍如過去說空話，倭寇當然為所欲為，繼續南進是無疑問的。太平洋從此多事，與我抗戰是有益無害。友人麥慕堯兄于本月十五日在渝病故，午後至廣西辦事處慰問其家屬，見其夫人及幼子，情形十分可慘。麥身後毫無積餘，擬向中央請求救濟。

9 月 24 日　星期二
上午七時半出席行政會議。十一時半回鄉，道經老鷹岩，訪于院長，商量請求中央撫卹麥慕堯兄家屬事。又昨日午後宋淵源君（子靖）來訪，他談與共黨合作事。余從未與聞此事，因此事向來由何敬之兄辦理者，故允介紹宋與何接洽。現在生活昂貴，實在驚人，昨日

余在城內，東曙約便飯，計四人，四菜（豆腐燒小魚、
蓉城雞片、炒肉絲、炒青菜）及四碗雞火麵，用去廿二
元。在開戰以前，至多不過三元。一年前三、四元一斗
米，今則廿五元左右矣。

9月25日　星期三

　　華南敵酋安藤反對日法協定，進兵越北。法越軍猛
抗入侵日軍，日軍死傷甚重（在諒山附近）。美國議員
多主張加緊制裁暴日，英國正考慮增防新加坡。倭寇侵
越，或將使美接受英國建議，由英、美兩國艦隊共同使
用新加坡根據地，倘英、美對日無積極辦法，則英、美
在太平洋之利益危矣。日人南進，當然適合蘇俄心理，
蘇俄當然得意洋洋。日人現正宣傳由越攻華，斷滇緬交
通，同時又在上海租界測動工潮，這均是煙幕彈，想轉
移美、英視線，他主要目標是佔越南後待機南進，侵佔
荷屬東印度。以國際一般形勢觀察，美、日太平洋戰
爭，終不可免。假定日、俄有秘密諒解，而英正有事歐
洲，無暇東顧，日或冒險向美一試。反之美、俄諒解，
對日亦是意中之事。太平洋之現勢，蘇俄有舉足重輕之
勢，就余觀察，蘇俄雖反對帝國資本主義，但大陸上東
西有日、德兩大敵人，現德在歐洲大勝，如再使遠東日
本勢力成功，豈不是將來受東西夾攻之危險乎？蘇俄之
態度，向來深淵莫測，究竟如何，非吾人可以預料者。

9月26日　星期四

　　政府原定本年十一月十二日召集國民大會，因籌備

未完，決議改期，特設籌委會。參政會繼續召集，參政
會名額增加，議長制改為主席團制。

9 月 27 日　星期五

美國應付遠東時局最新變化，貸我新款二千五百萬
美元，我以鎢售美用為償付。若此，我法幣之地位益趨
穩固，更助我適應目前外匯需要，又可加強我國際地位
及後方人心，可謂雪中送炭也。越邊戰事已停止，法越
終于屈服，敵軍已佔諒山，並續由海防登陸前進。法越
停止抵抗，宣稱事件解決，無恥萬分。我們今後滇越邊
防，當日趨嚴重，無論如何，要設法阻止敵人前進，保
護滇緬路國際交通，十分重要。

9 月 28 日　星期六

本日午後二時，國書姪與譚繼雅小姐舉行結婚典
禮，由趙芷卿兄證婚，惟仁夫人與繼雅外祖母代表家
長，地點在永興場小學堂。連日陰雨，忽于典禮時出大
太陽，可謂吉祥矣。此婚經過時間甚久，幾乎中途變
化，今既圓滿，余亦十分歡喜。惟繼雅個性較強，國書
身體較弱，尚望彼此互助，成最合理之家庭。昨日下午
一時十三分，德、義、日在柏林宣布軍事同盟，以美國
為假想敵。其條約大要，德、義與日本彼此承認，並尊
重，建立歐亞新秩序中之領導地位。又簽字國之一苟被
目前尚未參加歐戰或中日爭端之國家攻擊時，彼此應用
政治、經濟及軍事各種方法互相援助。有效期間定十
年，並定明與蘇聯不發生任何影響。最感威脅當然是美

國，羅斯福總統下令禁止鋼鐵輸倭，英國受美國鼓動，有即將開放滇緬路說。太平洋巨變快來，試看最近的美國動靜，輿論及黨派見解達到空前一致，大家皆認為美國應毅然維持太平洋秩序，且已不諱言戰爭。美、日之戰，業已注定，但看蘇聯態度，其必保持超然地位，以待變化，是無疑問的。現在國際變化無常，非吾人可預料者，頗似吾國戰國時之縱橫捭闔。

9月29日　星期日
【無記載】

9月30日　星期一

　　晨四時起身早餐。五時出門進城，天未明並陰雨，步行至公路乘車甚苦。小魯同行，並以順便汽車送馴叔、秀筠赴南開中學，由襄叔亦親送馴等入校。行至小龍坎時，馴叔要求下車，步行進校，不願汽車進校。因至小龍坎是我順便車，若開到校是為他專開，以抗戰期間，汽油寶貴，不願耗費。他歷來如此，我只好順從他的意志。八時至軍委會出席紀念週後，應財次徐可亭之約談話，他迭次約吃飯，我均力辭，故應約一談。徐是中華革命黨，精明強幹，在財政界服務多年，由科長、司長升至次長，于財政經驗甚為豐富，將來有做財政部長之希望。參政員冷禦秋、光明甫、宋子靖及黃劍鳴君先後來訪。西藏邦達昌號印度經理蒙那昌，日前由港飛渝，午後來謁。余上次往來印藏，多由該號照料，蒙君本係熟人，他擬晉謁總裁致敬，余允介紹。本會調查員

陳佑誠來見，據云各調查員此次要求未能滿意，全體調查員將辭職，特來報告。余大大不以為然，表示心力都盡，他們太不覺悟，余只有斷然處置之。美國副國務卿威爾斯指斥暴日，謂美遠東權利益受宰割，美應增強軍備，以防萬一。英決心對抗暴日，美有參戰趨勢，美報多主張援華制暴。倘美國早有稍強態度，何致有今日緊張若是乎。

10月1日　星期二

　　上午八時出席行政院會議，據外交王部長云，我駐德大使報告有日本請德國出面調停中日戰事之說，又歐州盛傳蘇、日將定互不侵犯條約。王外長對三國同盟重要談話，我國決為世界合作秩序奮鬥，反對藉口新秩序，實行侵略行為。本擬院會後即回鄉，因文白、布雷、驪先三兄約明日晚餐，余與彼等久未見面，擬以藉此一談也。

10月2日　星期三

　　敵機四十七架于卅日首次轟炸昆明市。該市地低，掘數尺即有水，很難防空之設備，故今次損失甚重，人心極為恐慌。加以汽油缺乏，交通工具減少，疏散尤為不易。蓋既抗戰三年以來，以滇省地處後方，新成立工場及各處遷往之學校尤多，現更無法遷移。今後敵用安南空軍根據地，當然隨時盲目爛炸，惟有在危難之中，用舊時交通工具，設法疏散之法耳。晚七時應文白、布雷、驪先公宴，有戴季陶、商啟予、賀貴嚴二十餘人，此宴專為戴踐行，因戴日間將赴印度遊歷。佶子夫人今日率同子女由城都來渝，擬回長沙原籍。因此間生活過高，長沙自有房產，易于維持，惟交通極感困難，行期尚難決定。

10月3日　星期四

　　九時偕小魯、卓民、襄叔回鄉。本會調查員及訓練班問題均未完全解決，且會內人事複雜，不易調整。回

想廿七年魯書、國書之被控，廿八年江養正之去留，及今年學生之要求，均使余十分煩悶。本想以邊疆為終身事業，因此令余灰心。余對邊疆政治數年來，件件勝利，其如會內事務無人負責何。且中央與各省對于邊疆政出多門，意見又不一致，余既感會務麻煩，邊政無法統一，本不誤國、不誤己之精神，決定相機辭去蒙藏委會職務。其時間，應以抗戰大環境，與會務小環境為決定。所謂大環境者，就是戰局穩定，否則人將說我不顧大局，無革命精神。所謂小環境者，就是會內出納、會計之辦請（有八個月未辦），及此次入藏經費之報銷，否則去後麻煩，更難了結。一俟此兩環境許可之時，即余去會之時也。

10 月 4 日　星期五

近兩星期天陰雨，敵機未能活動，再兩星期後霧季時間，重慶當更安全。昨日我空軍揚威北平，散發蔣委員長文告，市民喜慰，此乃抗戰以來罕有之舉。非洲已成為英德戰爭中之主要戰場，德國聞已代替義大利主持戰事，以佔領蘇伊運河為目的。可見德國攻英計劃，已暫告擱起。

10 月 5 日　星期六

希特勒與墨索里尼舉行重要會談，兩國外長亦往參加，傳係討論軸心國與蘇聯關係，同時美駐蘇聯大使已開始與蘇聯外交當局談話。資本帝國主義自相矛盾，而混戰均乞憐于蘇聯，真是蘇聯千載難逢之良機，蘇聯

當然挑撥離間，使帝國主義者作殊死戰，兩敗俱傷，坐收漁人之利。余素來觀察，蘇聯斷不能使東西兩面強敵成功，遺將來之禍患，總須擊破一面。東面日本勢力最弱，一擊必破，決無疑問的。昨、今兩日均有空襲警報，聞炸城都。

10月6日　星期日

拉薩邦達昌號印度經理蒙那昌，今晨八時晉謁蔣委員長，特派周秘書于晨三時進城照料。今午敵機襲渝市，在平民住宅區投彈。

10月7日　星期一

敵首相近衛、外相松岡發表狂妄談話，如美國不變現策，惟有戰爭。美國海軍部長諾克斯宣稱海軍已準備作戰，海軍預備兵徵召入伍，抨擊極權國為土匪，三國同盟係向美國嚴重挑釁，演說異常激昂，為上次大戰所未有。現在美、日兩政府既已互相抨擊，而兩方輿論又甚激昂，由宣傳戰而入于真火戰，確有可能，何況蘇聯從雙方挑撥離間乎。

傳三國盟約，附有密約：

（1）德、義同意戰後日本併荷印、越南。

（2）德、義表示于有利日本條件下，調停中日戰事（這是出賣中國）。

午後偕昆田進城，晚七時文白約便飯，順說余個人出處。

10 月 8 日　星期二

上午八時出席行政院會議，通過青海軍隊護送班禪靈櫬回藏經費十五萬元，及發貢覺仲尼及駐藏辦事處長孔慶宗、駐藏尼泊爾代表等勳章。據財政當局報告，明年度（卅年）預算須法幣八十萬萬元，即就印刷費、運輸費需美金四萬萬元，其印刷時間與夫運輸能力能否辦到，皆成問題，此真抗戰最嚴重關頭。

10 月 9 日　星期三

本日重陽，天陰小雨。西藏主權既已收回，應進一步實施統制權及國防之佈置。現在是機會，惟視中央有無實力，且須與英國交涉，以免從中作梗。自民國以來，對于邊政無具體計劃，尤其對于邊政機構非常紛亂。余主張調整本會機構，辦法有三：
（1）邊政機構的統一。
（2）邊政職權的分立。
（3）邊政範圍的縮小。

10 月 10 日　星期四

美國下令遠東僑民儘速撤退。英、美、澳有重要會商，將實行聯防。英、美、蘇有接洽，據美權威方面人士稱，日本如進一步推翻太平洋之現狀，則英、美、蘇或有對之施行經濟包圍可能。英正式通知日本，滇緬路十月十七日如期重開。日本手忙腳亂，美、日關係已難調整，倘德、義、日軍事同盟，日本不能得蘇聯同情，反使英、美與蘇聯接近，則日本前途之危險，自

在意中。

10月11日　星期五

蔣委員長約晚餐，特于午後四時偕小魯進城。七時半赴中四路蔣公館宴，係招待西康劉主席文輝（自乾）及前方回來之軍官馮治安等，陪客有余、徐永昌、何敬之、張文白等十餘人。

10月12日　星期六

上午偽市長傅小庵于十一日夜四時為多年老僕人刺死。傅性質卑鄙，標準市儈，余于民國十六年任上海警察廳長時，奉令通緝未獲，今次被殺，可謂天網恢恢。聞傅係上海巨紳沈仲禮先生一手栽培，關係如家人父子，沈臨終託孤于傅，而傅後來公然取沈愛妾為己妾，其人面獸心，于斯可見。午有警報，敵機未入市空，轉飛城都轟炸。前四川省政府秘書長鄧鳴階來訪，他評論四川現在省政未辦妥當，尤以代行主席賀元靖不孚人望。余深知賀性情和平，熟習川事，不過政治經驗不足，應付四川大省當然費力。晚六時與張文白兄公宴劉文輝、馮治安、陳武鳴諸君。

10月13日　星期日

我軍克馬當，該地在安慶、九江之間，為長江據點之一。如能堅守不失，再能續克其他據點，截斷長江交通，在戰略上確有重大意義。

10 月 14 日　星期一

上午八時至國民政府出席中央紀念週，據軍政當局報告，共產黨軍隊與山東沈主席軍隊、江蘇（江北）韓主席軍隊發生衝突，韓軍損失奇重。共軍一再不聽命令，現已去電共軍總司令朱德從速制止，如不服從，則惟有執行國法，整飭軍紀云云。似此國民黨、共產黨勢將分道，其影響于民族復興之抗日戰爭，真有不堪設想者，何不幸乃爾。西康省劉主席文輝來訪，據云四川省政治措施失當，兵役紛擾，異黨活動，糧價繼漲增高，社會大感不安，危機業已四伏。已于昨日將此種詳情面報蔣委員長，並告蔣孔明治蜀對聯（能攻心，則反側自安，從古知兵非好戰；不審時，則寬嚴皆誤，後來治蜀要深思）云云。四川乃抗戰最後根據，關係何等重要，為何事先疏于防範，事後又少應付。劉主席繼又與余磋商對藏方略，應請中央決定政策，如須實施統制權，應先從外交、軍事、財政之準備，劉並願負此責任。暢談二小時之久，儘歡而散。

10 月 15 日　星期二

上午八時出席行政院會議，據軍政何部長報告，上海敵特務機關報載稱「倘日、蘇簽定互不侵犯條約，則中國共產軍可存在。」這是敵人放棄歷來反共之立場，第一次表示與中國共產黨接近，頗堪注意云云。在現狀下，敵人與共黨彼此均有利用之必要與可能。而國民黨，老者腐化，少者幼稚，尤以政治不能使人滿意，全靠蔣總裁一人支持。國民黨現受內外夾攻，尚不徹底覺

悟，積極努力，則前途未可樂觀。今日院會決議護送班
靈專使行者，可不組織，撥款十萬元，交趙專使實報實
銷，亦不必送至黑江，改送嘉桑卡可矣。查玉樹至嘉桑
卡只十日路程。

10月16日　星期三

上午九時偕小魯回鄉，途中汽車迭次損壞，延至午
十二時到家。現在汽油缺乏，渝市原有小汽車千輛，後
減至六百輛，近更減至二百輛。然汽油仍不敷使用，以
酒精替代，故汽車易于損傷。張岳軍兄昨晚在嘉陵賓
館設席招待劉主席，約余作陪，余于席畢後與岳軍談
時事。

10月17日　星期四

纕蘅今日五十大慶，惟仁偕芋盦、小魯至陳家橋曹
宅慶賀。今午與昨午後五時，渝市有警報，市內被炸。
美總統羅斯福下令允軍用品及機械運蘇聯，這是美、蘇
邦交大大進步。又美對日禁運廢鐵命令從昨日起生效，
並將決定中國可購買美飛機。

10月18日　星期五

【無記載】

10月19日　星期六

與本會高級職員磋商蒙藏二次參政員候選人，計蒙
古四人、西藏二人，但謀之者眾，且各有背影。接見迪

魯瓦活佛，他希望赴西藏。告以時機許可時，當代向中央請示，余竭力幫忙，統希放心。如在百碚居住不便，可移居本會附近，本會當負一切責任，以安其心。滇緬路昨晨開放，臘戍海關禁運物品一律放行，美國人士向我道賀。

10 月 20 日　星期日

美國加緊援華，起運飛機來華，並將貸我鉅款。美海軍部長畢德門，斥敵外相松岡僅為日本軍人豢養專門亂吠之瘋狗，並云美不懼暴日恫嚇。此等侮辱，國際間所罕有，日本苟能接受，真無恥極矣。日本經濟物質均感缺乏，如不得蘇聯撐腰，當然不敢對美冒險，則唯有暫時忍耐待機之一法耳。午後四時偕芋龕、昆田進城。晚八時劉主席文輝來訪，劉深信佛學，尤懂佛像，余特送此次由西藏攜回之宗喀巴大師造像，及古格登碻典、古舍利子等。他認為格登碻典造于三千年以前，真正寶貴希有之物。劉主席曾任四川總司令，名震一時，後與劉輔臣交兵，敗退西康，迄今十有六年，自輔臣去世後，他在川軍中更可說話。此次來渝述職，政府同人以劉為川軍宿將，尤以抗戰期中川康地位重要，故對劉十分重視，與余迭次談話，亦十分融洽。

10 月 21 日　星期一

清晨偕纕蘅、昆田回拜劉主席，並送行（劉今日飛城都）。上午八時出席紀念週後，應白健生兄約赴教育總監部談話，所談者多邊疆大計，白頗有從事邊疆之志

願。又因廣西主力軍隊現駐安徽，而主席李品仙係廣西推薦者，余特忠告白氏，現在安徽省當局應與地方人民切實合作。省中官吏雖用本省人，但須用本省公正人，否則不為無益，反而有害云云。午後四時接見陳布雷、賀貴嚴兩君所介紹之吳景敖君，吳係前參謀本部邊務組畢業，擬任其為本會調查室主任。現主任阮承霖君與調查員不融洽，乃此次發生風潮之最大原因。

10 月 22 日　星期二

上午八時出席行政院會議，午後回鄉，適湘鄂監察使高一涵兄來訪，順便乘余車到山洞訪于院長。高六安人，日本留學生，在北京大學任教授多年，學術界甚有聲望，在同鄉中不可多得之人才。余前任安徽省主席時，保其任教育廳長，未得蔣總裁之同意。

10 月 23 日　星期三

今日發表調查室主任阮承霖調任編譯室主任，吳景敖接調查室主任，張承熾任副主任。如此調整，在調查方面，可安定一時。至本會其他處室，亦擬待機加以整理，以期振作。

10 月 24 日　星期四

上午到會接見綏遠省境內蒙古政務委員會委員胡鳳山、經天祿兩君。伊等此次來渝受訓，均係蒙古青年（經號革陳，胡號瑞岐）。

10 月 25 日　星期五

上午九時召集本會薦任科長以上職員談話。該員等均係中間分子,會務之良否,全在該員等之努力為定。並研究邊疆教育諸問題,順便報告此次調查員之風潮。余以各調查員均係本會訓練班畢業,此次舉動,殊出常規,本可依法辦理。姑念該員等年輕無知,亦即本會教育未周有以致之,故余以最大忍耐,從寬免予深究。今日天朗氣清,午十二時敵機分三批(每批廿餘架)襲重慶市,損失甚巨,為近一月來所罕有。

10 月 26 日　星期六

我軍分三路攻南甯,希望一鼓而下,以振軍威。美加強太平洋實力,海軍兩艦隊將留駐遠東,又有陸軍飛機兩隊調非島,又有空軍二萬人本週內入伍,輿論表示美有參戰可能。美國積極備戰,倭寇大感威脅,這是我抗日以來最好之國際環境,惟一希望一致團結,迎最後勝利。今午敵機襲渝市。呈復中央二屆參政員蒙藏候選人,計蒙古李永新、白鳳兆等八名,西藏圖丹桑結、丁傑等四名,在此十二名中,由中央指定六名。

10 月 27 日　星期日

馴叔今日由南開步行到家,計卅五華里,余十分歡慰。此乃受抗戰影響之進步,否則久住蘇州,必養成蘇州小姐習慣,是無疑問的。午後四時偕昆田等進城。

10月28日　星期一

　　上午八時出席中央紀念週。接見金國寶君，係奚東曙介紹者。連日敵機狂炸昆明，並擾滇緬交界一帶。法國再度屈服，同意法、德合作原則。戴高樂設法國戰時政府，統率海外屬地繼續抗戰。余以戴氏與英國合作，利用英國海上及屬地力量，必能成功。戴氏以革命精神奮鬥，可為戴氏賀，為法國復興賀。

10月29日　星期二

　　上午八時出席行政院會議，決議徐堪財政部政務次長，郭秉文財政部常務次長。我軍昨日克復南甯，而敵人宣佈係自動放棄者。無論克復或放棄，可證明敵人力量衰弱，無攻昆明之企圖，使我士氣大振，人心大定，而增加國際對我之重視尤巨，可喜可賀。東南歐戰事卒告爆發，義大利軍昨日侵入希臘，希王宣佈被迫應戰，傳蘇、土兩國在邊境增防，南斯拉夫將守中立。總之希臘若無人援助，必歸失敗，當此強權時代，弱小民族之生存，危乎其危矣。歐洲戰事範圍既已擴大，巴爾幹人種極為複雜，向有「歐洲國際噴火口」之稱，蘇、德、土對義、希戰爭究竟取何態度，頗堪注意。午後偕昆田等回鄉。

10月30日　星期三

　　上午倪主任劍飛來報告政治訓練班復課之經過，余以為所取之辦法，極合實際，對學生取不敷衍之態度，尤為妥當，余甚歡慰。所謂改校運動，至此告一段落。

英國決援助希臘，海、陸、空軍正向希臘急進中，聞飛
機轟炸雅典，有若干歷史古蹟被炸。

10 月 31 日　星期四

　　中國航空公司重慶號，在雲南霑益地方被敵機擊
落，美國機師及六旅客遇難。查重慶號即桂林號，于廿
七年八月廿四日在廣東中山縣擊墮（死銀行界徐新六、
胡筆江等十餘人），修理後而改今名者。敵人迭次擊我
無抵抗之郵機，殊堪痛恨，此種卑鄙之行為，已完全汙
損其所謂武士道之精神也。

11月1日　星期五

　　上午九時出席本會月會，光陰如閃電，過得真快。午後焦易堂兄來訪，他擬謀國民政府委員，託我向國府林主席進言。余答以兄將纔辭去高等法院院長職，如謀新職，要有十分把握，方可進行。姑舉例比之，政治進退，如軍隊作戰一樣，倘將退卻，即反，萬一碰釘子，其情勢必更為狼狽。如覺確有把握，我決定幫忙，他既親來請求，我當然答應以誠，他深然其說，十分明白，十分諒解。午後許公武兄特由城內來訪，他與我清朝陸軍九鎮舊同事，感情甚好。他深信佛法，在考試院任簡任秘書兼事務有十三年之久，其忍耐勤苦，可欽可佩。戴院長倚之如左右手，以其在考試院工作成績，早應升遷。

11月2日　星期六

　　印度國民黨領袖尼赫魯因發動不合作運動被補，余上次過印晤尼氏，深知該黨實力薄弱，且擬以政治不流血之手段，而達革命成功之目的。世界革命甚少此例，尤其是印度回回教徒，反對國民黨，擁護英國政策，為國民黨最難應付之問題。余回國後，當將印度人種、宗教、文字、言語、一切無重心、國民黨無實力，詳細報告中央當局，而戴院長現正赴印報聘國民黨（尼赫魯去年來渝），恐無多大結果。我方所應注意者，在抗日期間，希望英國援助，萬不可公開印緬人士接近，徒使英人誤會疑忌，這是與我們有害無利的。

11 月 3 日　星期日

上午接見監察委員白瑞，他特由鄉間徒步來訪，他說監察院秘書長始終未用妥當，有礙院務進行，真真可惜。文叔、襄叔昨晚由校到家，他們說學校的生活非常的苦，菜蔬既少，有時候飯亦吃不飽。香港卅一日來函，庸叔入香港中華中學附小一年級。良叔日來精神欠旺，食慾不振，醫生診斷為肺弱。余以為恐係飽暖過度，有以致之。馴叔于今年暑假居家三月，非常用功，大有手不失卷之勢。暑假後大考，升初中三年級（該校因暑假前敵機猛炸重慶，故提前放假）。申叔近一年來身體日漸強健，讀書成績亦甚佳，小學四年級課程業已讀畢。本年暑假後，請何玉珍女士（安徽蕪湖人，高中畢業）為家庭教師，教五年級課程，並教以少許英文。

11 月 4 日　星期一

觀察敵人最近之動向

敵自退出南甯後，放出和平空氣之攻勢。最近數日有如下之消息：

（一）宜昌連日大火，甚有說武漢飛機場亦在破壞中，敵人似有退卻模樣。

（二）國際紛傳中國擬傾向德、義、日軸心國，美總統羅斯福嚴重表示，日本企圖離間中、英、美關係。

（三）英領館電云，某德人乘某國（大約蘇聯）機飛渝。

就以上消息推論，不管真偽，均是于我有利。當此

國際戰場日漸擴大，任何國家都有與我國合作之必要，
這是我國在國際歷史中，從來未有之良好形勢。敵人
經我三年又四個月之抗戰，已深知不能以武力征服中
國，反被我牽制，不能在國際大戰中，趁火打劫。現在
敵人異常煩悶，異常著急，感覺侵華無力，南進躊躇，
徬徨歧路，不可終日。為今之計，祇有縮短戰線，堅守
據點，一面請第三國向我言和，早日結束侵華戰事。一
面待機，南進戰英美、侵佔荷印，北上防蘇聯、鞏固滿
洲，又可藉此轉移日本人民對于侵華戰事錯誤之視線。
這都是敵人最理想如意算盤，但我國必須領土、主權、
行政之完整，及暴軍全部退出我國境，與夫暴日放棄大
東亞新秩序領導地位之謬論，否則決不能輕于言和，至
墜術中，這是唯一原則。最後勝利，快要到了，望國人
一致團結，作最後奮鬥。

11月5日　星期二

　　重慶氣候變化無常，以秋冬之交為尤甚，忽而太
陽，忽而陰霧，忽而風雨，如不留心起居衣服，很易發
生流行疾病。然重慶冬季溫和，夏季炎熱，亦為長江各
埠所少有，此種氣候最適宜于農產物，當地人民之富
足，故由于交通與水利，而于氣候亦大有關係也。

11月6日　星期三

　　上午九時半召集本會各小組組長會議。除由各組長
報告工作外，余復就公私生活及讀書兩方面酌致訓詞。
查小組會議係中央通令辦理者，于各部會工作之推進，

俾益良多。小組會議有三大意義：

（一）公私生活之檢討；

（二）工作之檢討；

（三）讀書心得之報告。

11 月 7 日　星期四

發表李芋龕本會參事，伊隨余在貴州省政府任省報室主任後，總想予以位置，均因機會難逢，延遲至今。伊是本縣李文忠公之後，能吃苦，而在國民黨服務者，為第一人。伊精明強幹，頗有應變之才，為家鄉後起之秀，亦為李府後起之秀。上午九時接見調查室新主任吳景敖，伊本日到會視事。余告以調查員之性質，及該室之經過，囑其謹慎將事，許圖改進。

11 月 8 日　星期五

記羅斯福總統三度連任

美國慣例向無連任總統三次者，此次第卅四屆大選，羅斯福打破政治新紀元，三度當選。這是美人民以當前之危機過于嚴重，不暇顧忌二百年來傳統慣例。在羅氏當選後，海軍部長諾克斯即表示德、義、日正盼美國選舉，能造出內部分裂，國人應團結，打破該三國迷夢。羅氏亦廣播籲請人民共負時艱云。敵人聞羅氏連任，深感失望，認為日、美關係絕難和緩，尤以美國人均擁護羅氏，對日所持之堅強政策為可慮。中國人民聞羅氏連任，非常欣忭，大家均認為美國自後援助中國，將更趨積極。數月來全世界注目之美國大選，今既揭

曉，國際形勢必隨之有所變化，和平歟？戰爭歟？全以
羅氏之決心如何為轉移耳。今後羅氏對內對外之責任，
更加重大也。

11月9日　星期六

　　上海日文報紙載稱，十月廿四日德、義、法三國駐
渝大使曾向中國政府建議與日本媾和一節。我外部發言
人表示，此乃日人造謠慣技，毫無根據，且自抗戰以
來，德、義大使迄未來渝，我國具有決心抗戰到底云。
紛傳中國傾向軸心國之說，可以大白于世界矣。

11月10日　星期日

　　小魯以總務處人事複雜，應付困難，迭請辭處長
職，以免遺誤。蓋伊之成敗，非其個人之成敗，乃是余
整個幹部之失敗。如能繼續幹下去固好，否則未便勉
強，遂與小魯、昆田決議如下三辦法：
（一）維持現狀；
（二）總務處予以調整；
（三）另覓替人。
　　午後偕昆田、劍飛、國書等進城，經過金剛坡，訪
章行嚴、林雲陔，均外出未晤。又過南開中學，看馴
叔。他因明日學校月考，雖星期日，仍是照常讀書，真
正難得。遂約伊到沙坪壩浣花菜館晚餐，他堅辭，再三
約，始去。

11 月 11 日　星期一

上午九時出席中央紀念週，據外交王部長報告，國際形勢大好轉，為抗戰以來所未有。尤以羅斯福總統連任，美國對日本態度當更為堅強，對我之援助當更積極。午後四時訪孫哲生，暢談第十四輩達賴轉世事宜。余復詢其國際形勢，他認為日、蘇不能合作，其他觀測與我向來觀測，大致相同。

11 月 12 日　星期二

本日先總理中山先生誕辰，上午八時中樞在國府舉行紀念，余往參加慶祝。林主席講紀念意義，頗集一時之盛。蔣總裁偕公子緯國亦參加，緯國從前在德國讀書，後來歐戰發生，轉往美國，最近一星期前回國。與余數年未見，今已長大成人矣。白健生兄來訪，據云皖主席李鶴齡兄，因黨部劉真如、教廳長方治與省府磨擦，特來電辭職。余告白，方等均係皖省後進，對余素來尊重，余可加以勸告與省府合作。白云方等不能合作，總裁囑將方教廳長調換，張文白兄並推薦現任省委萬昌言繼任教廳。白託余向教育部長陳立夫兄先行說明經過，然後再與陳接洽。白又再三詢余萬繼任廳長後，所遺委員究以何人為宜，意在請余推薦。告以俟廳長決定後，再談可也。

11 月 13 日　星期三

上午八時出席行政院會議，新任社會部谷正綱第一次出席，糧食管理局長盧作孚亦列席，遂討論目前最嚴

重糧食問題。據盧作孚云，軍食已有辦法，現正集中該項米糧，以便轉運前方。至民食尚無辦法，人心惶惶不安，討論二小時之久，未得結果，決定由各主管部會立即組織小組會議，研究具體辦法。一年前一斗米（卅九斤）法幣八元，現在卅七元一斗，仍有增無減。若無法平低，雖軍事、外交好轉，但後方治安大可憂慮也。又決議任命張岳軍軍委會成都行轅主任，兼理四川省政府主席，谷正倫甘肅省政府主席，賀國光憲兵司令兼重慶衛戍副司令（谷正倫原任憲兵司令）。查張岳軍兄曾于廿七年發表四川主席，未能到任，岳軍頗失面子，中央亦失威信，因此四川政局數年不安。今既重新任命，可賀岳軍如願已嘗，中央亦減四川顧慮。惟四川地廣人多，情形複雜，抗戰根據，十分重要，以岳兄從政經驗，當可措置裕如。午十二時院會散後，因外交王部長亮疇兄六十大慶，行政院特設讌為其慶祝，並為余由藏回來之洗塵及歡迎谷部長之到任，至二時半盡歡而散。關于皖教廳問題，余特將昨日與白之所談轉告陳立夫部長，陳云方廳長等亦有報告，方既不相宜，可以更動，詢余有無繼任者，答無。陳又擬以甘肅教廳長鄭通和調任，余表贊同。最後陳云，以省委員萬昌言調任亦可，余遂電白健生兄，白擬約陳談，即可決定。午後四時偕昆田、芋龕回鄉。

11月14日　星期四

希臘軍在班都斯山脈，大獲勝利，義軍墨索里尼精銳師團全部被殲。此為希軍自一八二一年獨立以來，第

一次光榮大勝利，蓋以弱小之希臘，勝強大之義大利，亦為近代世界所罕有。現義大利易將增兵，準備大舉反攻，惟望希軍堅強抵抗，最後成功。蘇、德開始談判，希特勒接見蘇聯外交要人莫洛托夫，引起全世界注意，議論紛紛，推測不一，皆認為非常重要，國際間必有新的變化。

11 月 15 日　星期五

英國對付倭寇南進威脅，任命遠東軍總司令，其總部設新加坡，統一指揮軍權。我軍克復欽縣城，敵集海、陸、空，廣州灣、海南島，待機南進。

11 月 16 日　星期六

【無記載】

11 月 17 日　星期日

居覺生夫婦帶其伯莊兒新夫婦來禮見。新婦人係無錫徐家，留午飯，並送新婦人衣料。文叔、襄叔、馴叔昨晚步行回鄉，午後余進城，順便送伊等回校。過新橋至松鶴樓晚餐（由蘇州遷來的）。偌子夫人因此間生活太貴，本日偕男、女公子由渝起程，經貴陽回長沙故里，余送旅費二千元。晚八時至陳靄士先生家，出席護國息災法會常務會議，該會成立已有一年餘，經費均由募化而來，現由內政、賑濟、蒙藏三部會會呈行政院，每月由賑濟費項下撥法幣四千元，以一年為限。陳等深信佛法，熱心募化，令人可佩。

11月18日　星期一

上午八時至國府出席中央紀念週後，參加社會部長谷正綱、政務次長洪蘭友、常務次長黃伯度宣誓就職典禮。查行政院成立此部尚係創舉，現在社會腐化，亟須改良，成立該部，實有必要。谷以青年任部長，當有以慰社會之望。策覺林、丁傑兩呼圖克圖將回藏，特于上午十時約其談話，午十二時招待午餐，並每人送旅費三萬元，中央優待邊人，可謂厚矣。據白健生云已與陳部長晤談，擬以省委萬昌言繼任皖教廳，現正簽呈總裁最後決定。余旋電張伯璇兄，託其向白推薦天植繼任省委。余連日奔走，心力已盡。黎蒙、江問樞來訪，余與江素不認識，他是季文兄知友，他反對雲南當局，余為避免是非，只得見面，不多說話之一法耳。

11月19日　星期二

上午八時出席行政院會議，首先討論米糧問題，決議由公家收集米糧，然後以平價賣與公務員（軍隊亦是這樣辦的）。至于人民食糧，除設粥廠外，並賣平價米，這就是統買、統賣，也就是計口授糧。果能如此辦法，則後方自然大定矣，計劃雖好，恐非短時可實見。張交通部長約午餐，他新由西北視察回來。關于天植省府委員事，再託張文白說話。人事既盡，成否自有天命，余年來為天植事，幾次碰壁。午後二時偕芋龕、小魯回鄉。余近在城內不慣居處，一到鄉間，身心非常安適。

11 月 20 日　星期三

　　西貢附近已到有日本軍艦及運輸艦若干艘。日方已向越督提出要求，允許日軍在西貢登陸，這是敵人南進第二步動作。

11 月 21 日　星期四

　　張文白來電話，已推薦天植為省府委員，囑將履歷片寄去，遂即照辦。天植在皖省教育界服務有八年之久，尚屬妥當。如能任為省委，對于省府、黨部各方面，易于和洽。且于萬昌言素來認識，在教育界，當然可以幫助昌言。

11 月 22 日　星期五

　　日前昆田、國書電溫廣漢、葉偉珍二君，轉託衛司令長官俊如，向中央推薦天植為第二屆參政員，頃復電，衛已照辦。但現正為天植進行皖省府委員，萬一不成，擬再進行參政員。以目下情況論，省委似有希望，但天下事往往有非人力可以成功者，此次天植于省委、參政二事同時被推薦，甚至結果無一成就者，亦是意中之事。本會新任委員奚倫（東曙）因競選二屆參政員，不能兼任政府職務，特辭職，擬照准。遺委員缺，保曾小魯（今改少魯）繼任。至少魯所遺本會簡任秘書，以張國書繼任。又本會總務處長自江養正出缺後，即由少魯兼代，迄今一年以來尚無遺誤，故保其仍兼總務處長。余于民國廿一年任皖主席時，少魯即隨服務，至今九年之久，當屬勤勞，其性質亦甚平和。國書學術、聰

敏均足應付，惟年輕，經驗不夠。他一向管會計事務，已取得會計資格，茲再任以簡任秘書，其資格更進一步，如能加以奮勉，前途當更見光明。余年事日高，對于後進者當積極加以培植，如倪劍飛等，年力富強，學有專長，現亦正計劃予以提攜之中。家鄉後起之秀甚多，尤推昆田，品學兼優，為若輩之冠。伊隨余任簡任秘書數年，深資臂助。

11月23日　星期六

據防空司令部統計，敵機三年來，在我境內損失共計八百九十三架，俘虜敵空軍人員更以千計，重慶市計有一千一百八十九個公私防空洞。希臘軍大勝，義軍全線受創，希境已無義軍蹤跡。義統帥部自承認損失頗重，義軍官五十人受處分，義國即望德國出兵援助。凡有決心，小亦可勝大。

11月24日　星期日

今日天朗氣清，為江處長養正逝世一週年紀念日。余于上午九時偕趙副委員長及本會高級職員前往墓前公祭，回想養正生前學力既佳，而法律尤其專長，胡天不佑，短命而死，殊為可惜。一俟戰事結束，擬將其靈柩運回南通故里，以慰其九泉之靈。

11月25日　星期一

上午九時主席本會紀念週，正讀總理遺囑，忽頭發暈，遂退席。此次頭暈尚輕，午後即愈。

11 月 26 日　星期二

　　德、義、日三盟，自匈牙利、羅馬尼亞兩小國加入後，斯洛伐克近亦入夥，傳西班牙、保加尼亞亦將被拖入。果如此，則土耳其與南斯拉夫，是必有所表示。總之巴爾幹之變化，全以德、蘇兩國意見為轉移，在目前德國似不致積極援助義大利。日本唯一元老西園寺公病逝，享年九十二歲。此公去後，日本自由主義隨之告終，倭皇更無人咨詢組閣等大政。

論美、蘇兩國之動向

　　蘇聯宣佈海參崴將設美國領事館，敵人聞之，深為注意，此舉或為美、蘇在太平洋上實行初步合作之表示。又據未證實消息，日本對蘇聯要求停止援助中國一節，已予拒絕，敵動員海軍，準備應付美、蘇。就此消息推測，正與余向來觀察相同。緣美、蘇兩國在地理上、經濟上以及現在與將來，均無利害衝突，但對日本則利害相同。如蘇聯受大陸上日、德東西兩面之威脅，美國受太平洋、大西洋日、德之威脅，益以德國既稱霸于歐州，斷不能再使日本稱雄于東亞。更就美、蘇政略上、戰略上之研究，日本素來脆弱，復經中國三年五個月之抗戰，已至筋疲力竭，這是美、蘇最好攻擊目標，也是美、蘇最好機會，因之美、蘇確有聯合中國先行征服日本之可能。此皆吾人以國際常理之判斷，然近來國際形勢之變化，多出于吾人意料之外者，但不知美、蘇以利害為前提乎？或以主義為前提乎？抑以利害與主義同時並進乎？

11月27日　星期三

上午十時故友陳英士先生夫人由青木關乘滑竿來訪惟仁夫人，他已六十有三歲，長素禮佛，精神甚佳。午後一時進城，三時出席參政會參政員資格審查委員會，本會此次所提出者，均是蒙藏人，惟蒙古情形複雜，動生阻撓，余特聲明，凡有亂鬧者，可以不理。

11月28日　星期四

上午八時至陳果夫家，同陣乘車至南泉，余再乘滑竿至穿洞灣蔣宅，看緯國母親。他長素禮佛，頗為安適。最近緯國由美國讀書回來，蔣太太十分慰。余夫婦自民國十七年在蘇州照料蔣母子以來，今蔣母子得此圓滿結果，余夫婦亦十分慰。在蔣宅午飯後，至小溫泉中央政治學校本部，偕果夫回城。

11月29日　星期五

分別接見羅桑堅贊、蒙和巴圖爾等（蒙，漢名陳樹人）。余詢羅桑堅贊，班禪靈櫬自以回藏，關于班禪轉世，是否希望迅速，殆轉世後，是否希望即回藏。他說希望速轉世，遲回藏。這就是他們要利用班禪作幌子，在中央保全各個人之地位，一面要求前藏政府。但中央對此事，應認清立場，秉公辦理，以安定西藏為唯一之原則。

11月30日　星期六

午十二時宴經革陳、胡鳳山、紀松齡，並以蒙和巴

圖爾、巴文俊、康達多爾濟、榮照、席正鐸等作陪。
經、胡二名係綏境蒙政會委員，紀係蒙古軍團長，榮、
席二君係現任參政員，余並幫忙其連任二屆參政員。
經、胡、紀、榮、席五君均是蒙青年，前途當有希望。

12月1日　星期日

上午有警報，偕佶子、昆田到新橋置藥場。中美財政密切合作，美貸款一萬萬美元，同時美對倭大量禁止貨運，倭大感威脅。

記日偽簽定條約

昨日（十一月卅日）上午汪精衛與日代表阿部信行在南京訂約，大要義為共同防共，駐兵中國，壟斷資源礦產，企圖以中國全國為日本租界，獨佔貿易，統制教育文化，賠償敵僑損失等等，此亦不過等于一張廢紙。此約在國際方面，因日企獨佔中國，將與英、美對立，更形尖銳；因滿洲獨立，華北特除，共同防共，將與蘇俄關係益趨惡化。故此約實為日本之自掘墳墓，于我抗戰前途，毫無影響，反而有利。

12月2日　星期一

上午八時出席中央紀念週，蔣總裁演講敵汪偽約。略謂該約表現日本促成戰爭，擾亂世界，自陷泥淖，承認汪逆，侮衊中國，毀滅日本，此約充分揭發近衛內閣之罪行，不但不能中止戰爭，反使延長。襄河兩岸，我又大勝利。據余觀察，敵人此次進攻，似為退卻前之準備，我克復鎮南關，廣西全境無敵蹤。許汝為兄日昨偕杜月笙由港飛渝，住嘉陵賓館，余特往訪，接談甚歡。午十二時，本會楚處長娶兒媳，請余證婚。因蔣委員長招待汝為午餐，約余作陪，以時間衝突，只得先往楚處道喜，由昆田代表證婚。遂至蔣處午餐，在坐許汝為、杜月笙外，尚有居覺生、江一平等。在蔣處宴後，再偕

汝為等應財次徐可亭宴。

12 月 3 日　星期二

　　上午八時出席行政院會議，決議皖省教育廳長方治辭職照准，以萬昌言繼任廳長，所遺省委尚未提人。余日前既已保天植姪繼任，目前祇有任其自然。又討論前擬設而未成立之經濟作戰部，現擬改為物資統監部，屬行政院，以蔣任統監，賀貴嚴、曾養甫分任副監，王徵（文白）任秘書長。原則通過，交主管部會，再加以審查。午後偕昆田回鄉。

12 月 4 日　星期三

　　上午與少魯談會內事務，主張積極加以整理。上海米價九十二元一石，戰前十四元左右一石。此間麵價亦飛漲，油條二角一根，生活日有增加，可慮。

12 月 5 日　星期四

　　上午到會辦公。以班禪靈櫬雖已起程回藏，但一般善後及班禪轉世，均須繼續辦理，萬一不慎，又要發生事端。遂決定本中央立場、班輗事實二大原則，相機辦理。

12 月 6 日　星期五

對于蒙藏最近之主張

　　余在抗戰期間，對于蒙藏素來主張安定，惟最近蒙古情形較為複雜，如敵偽窺伺、異黨活動、省旗磨擦、

機關紛歧、負責無人，殊為可慮，即應積極加以調整。
至西藏方面，尚屬安靜，雖經余將宗主權收回，而統制
權之推行，亦應加以注意。故經詳細研究，內定兩個最
高原則：

（一）對蒙謀統一（非以王公統一，乃中央派大員
　　　統一）。

（二）對藏謀統制。

　　果須實施，應先蒙古，而後西藏。尤須有幹練有
為、聲望素著大員，方可當斯大任。

12月7日　星期六

　　日汪條約簽訂後，已引起英、美反感，增強遠東之
防務。蘇聯注視日汪條約第三條關于反共之影響，由駐
倭蘇大使通知暴日，蘇聯對華政策，決不變改。以最近
情況，英、美、蘇有連合制倭之趨勢，日汪條約于我真
正有利，于倭真正無益，日汪何不智乃爾。

12月8日　星期日

　　偕昆田進城，經過南開看馴叔。

12月9日　星期一

　　上午八時出席中央紀念週，何參謀總長報告鄂北軍
勝利，並宣佈與共產黨往來之電文，要共軍服從命令，
限期移防。現在軍事、外交、財政，均有非常好轉，惟
國共兩黨磨擦及物價仍飛漲，是內部最不易解決之問
題，誠美中之不足。閩省主席陳儀為華僑領袖陳家庚之

不滿，要求政府罷免，閩友人宋淵源特來表示請余繼任。余久無再任主席之志願，乃婉辭焉。

12 月 10 日　星期二

上午八時出席行政院會議，據孔兼財政部長報告，英國貸我一千萬鎊，仍可繼續商借。孔表示財政已有把握，同人聞之非常佩慰，可為抗戰前途賀。此次英、美借款先後之成功，即是英、美對遠東併行政策事實之表現，不能不感謝日本承認汪組織之行動，有以促成之也。午十二時假徐可亭兄宅，讌許汝為、杜月笙兩兄。

12 月 11 日　星期三

中央邊區黨務處李永新來見，對于此次本會推薦參政員，承認他的舉動之錯誤，此後絕對服從。余對邊人素來恩厚，不用威力，李等究屬青年，當然不究既往，特加以慰勉。午後七時陳伯南、林雲陔、李文範、劉季文諸兄借孫哲生宅公宴許汝為，約余作陪，酒席不免過奢。

12 月 12 日　星期四

上午九時訪許汝為兄，適有警報，借此時間暢談三小時久。他身體甚好，如能再加以學術之研究，必可東山再起，並送他紅花、獺皮等。晚六時居覺生宴汝為，余作陪。

12月13日　星期五

　　美國統制鋼鐵出口，對暴日之又一壓力。傳蘇聯對德提警告，如假道保國攻擊希、土，蘇聯當礙難坐視，此皆蘇聯接近英、美之表示。現在除日本外，全世界均想與我聯絡，這是我抗戰以來，外交之黃金時代，仍望善為運用，勿失時宜。為天植侄謀省委尚無把握，而衛立煌司令長官推薦天植為第二屆參政員，昨晚特切託葉楚滄兄予以幫助，以盡人事。

12月14日　星期六

　　許汝為兄今日回香港，余至嘉陵賓館送行。同去飛機場，即在機場午餐。午後三時起飛，送行者甚眾。此次與余談話數次，時間頗長，感情亦多恢復。余問良心，未有對不起汝為的事，他聽信小人之言，余雖下野閉戶五年，而汝為不久亦隨之失敗，于今十有五年矣。

12月15日　星期日

　　昨晚與張文白兄晤談，對于一般政局、一般人物，所見相同，彼此開誠，為從來所未有。晚六時鄒海濱兄約晚餐，余謂兄學術早有表現，惟政治尚未表現，必有結果之日，望兄勉之云。適合他心理，他非常滿意。在坐傅汝霖（伏波），餐後至傅處談話，計二小時之久。傅年四十五，吉林人，本黨後起之同志。近年隨孔副院長做事，外傳已成殷富，社會對之亦多批評。

12 月 16 日　星期一

上午八時出席中央紀念週，王外交部長報告，中、美、英、蘇切實合作，共同制倭。我抗戰將達三目的：

（1）保持我民族生存獨立。

（2）維護世界正義。

（3）廢除不平等條約。

又申述先總理外交三大政策：

（1）不排外。

（2）反侵略。

（3）國際平等。

午十二時應何雲樵夫婦宴。午後四時出席孔副院長食物營養研究會。六時分別應西康省財、建兩廳長等公宴，及農民銀行公宴。現在西藏既已安定，而蒙古非常危險，如不從速設法，不但無收復失地希望，即冀、晉、陝、甘各省，亦將不保。特向蔣總裁提議，設立熱、察、綏、甯各蒙旗統一機關。

12 月 17 日　星期二

上午八時出席行政院會議，因一般經濟無法解決，尤其是米糧問題。決定每星期二行政會議後開經濟會議，以後一切經濟由行政院負責，如此物資統監部又有暫不設立之趨勢。余旬日來因應酬過多，身體頗為不適，午後二時回鄉。

12月18日　星期三

治邊四項原則

查民國以來，我政府對于邊疆事務，概無澈底自動政策，所有設施無非應付一時，以資敷衍。現在抗戰四年半，邊事日非，非預定根本計劃不為功，特擬治邊原則四項如下，呈請政府當局採擇。

（一）安定西藏，加強統制；

（二）團結蒙古，收復失地；

（三）溝通新疆，保全領土；

（四）聯絡藩屬，鞏固國防。

尼不爾、不丹、哲孟雄、緬甸、暹羅、安南、朝鮮、台灣、琉球等都為舊藩。

12月19日　星期四

到會辦公。與趙參事等商班禪未了事宜。查班禪靈櫬雖已回藏，尚遺留二百餘人在青海，即須予以安置。午後與趙副委員長研究蒙事，他主張就綏蒙會，予以調整。

12月20日　星期五

天氣溫和，山明鳥語，蠶豆多已開花，如蘇州三月。今日太陽，在此霧季，亦屬希有。

12月21日　星期六

明日冬至，本日午後祭祖。惟仁太太向來重視此事，每年按時家祭，數十年均由伊主持辦理者，其誠心

令我可感。接見黃鐵民君，壽縣人，黃浦軍官學生，少
年有為，後起之秀。

12 月 22 日　星期日

午後偕昆田、國書進城，經過南開看馴叔。

12 月 23 日　星期一

上午八時出席中央紀念週，僑務委員會陳樹人兄報
告。前成都市長楊全宇，因操縱糧價，囤積居奇，經軍
法審訊，判處死刑，于今晨在市郊槍決。數月來最重之
米糧問題無法解決，今將楊處以極刑，或可使囤積者寒
膽。究竟有無餘糧，尚須研究。

12 月 24 日　星期二

每次行政院會議本定星期二上午八時。現因一般經
濟問題較為嚴重，特在院會之先開經濟會議，故本日院
會至十一時始行開會，至午後一時完畢。午後偕東曙、
昆田、國書回鄉。

12 月 25 日　星期三

到會辦公，研究本會職權與所管區域，決定呈請政
府劃分清楚，以專職責。查本會主蒙藏事務，以蒙藏為
區域，而現在非蒙藏之新疆、苗夷事宜，亦多交本會辦
理者。中央部會亦有干涉蒙藏事宜者，紛亂異常，如不
劃分清楚，必遺誤事機。

12月26日　星期四

上午九時半到會出席本會小組組長會議。各組報告後，余加以指導並訓話，其內容如次：

（1）禁吃大煙、打麻雀等不良嗜好。

（2）數年來，本會政治成功，會內事務腐敗，應加以整頓。

（3）交各組研究蒙古、西藏、新疆、苗夷等計劃。

12月27日　星期五

記與許公武兄談新疆問題

許公武兄特來鄉晤談，許與新疆省盛主席世才有師生之誼（許曾任廣東韶關講武堂教員，盛是該堂學生），盛對許頗有感情，有禮節。現在中央因蘇聯關係，與新疆有藕斷絲連之勢，若不從速設法，前途何堪設想，擬請許溝通盛氏，保全領土。查過去黃慕松、羅文幹兩氏，先後入新，皆欲取盛氏地位而代之，因此與盛氏發生誤會，黃氏幾乎性命不保。從此盛氏不信任中央，致蘇聯勢力乘機而入，造成今日之局勢。余對邊疆只須其不妨害國家主權之原則，可儘量使邊疆首領有利無害。數年來不但未生事端，反多收獲，西藏結果，即其一例。遂與許決定先調查盛氏與蘇聯之關係，及新疆一般之情況後，再定溝通計劃。

12月28日　星期六

最近世界戰事雖沉寂，內容是在準備春季大戰。英、德之勝負，日本之動態，均在此時當有所表現。

12 月 29 日　星期日

午後偕昆田、國書進城。晚間老友何雪竹來訪，他現任軍法總監，頗以為苦。他身體已衰，且有年輕夫人，本年又生一女，情形更為狼狽。從本日起，請萬友竹打補血針，擬一星期打三數針。因鄉間無醫生，須進城就近請醫。

12 月 30 日　星期一

上午八時出席中央紀念週，孔副院長報告一年施政情況，尤以外交居于得道多助地位。財政配合軍事對敵鬥爭，更有精采。九時後赴中國電影製片廠檢查此次入藏之電影。正擬過江至南岸，忽遇警報，遂至考試院戴院長防空室躲避，即在戴處午飯。晚七時憲兵司令兼重慶衛戍副司令賀國光來訪，他係由城都代理省主席調來重慶者，他管轄憲兵廿一團。他辦事穩練，性情和平，應付四川複雜局面一年餘，頗為不易。

12 月 31 日　星期二

上午八時行政院先開經濟會議，十時開行政會議。近來社會盛傳政府官吏借公營事業為名，圖私人利益。蔣委員長聞經濟部公營機關有此情形，將該部商業司長章元善、農本局副局長蔡成新、平價購銷處吳聞夫、燃料處長朱謙及國貨聯運公司負責人等拘留查辦，共有十人之多。此案自國民政府成立以來可算是最大案件，蔣以迅雷不及掩耳之手段與精神，或可挽回貪汙之風，如主管長官能早日留心，何至若是乎？因此經濟部翁部長

文灝及潘、秦兩次長提出辭呈。翁是有名學者專家，我相信他是清白的，其失察究就不可免也。政府電勉全國六年禁煙計劃完成，加緊剷除殘餘煙毒，毋隳前功，如有種、運、吃、售者，一律加服上刑云。我國受煙毒之害已百年，澈底禁絕，是全民族最大的痛快的事，惟望嚴密執行，不再復生，幸甚。晚七時傅汝霖（佛波）約晚餐。九時孔副院長在嘉陵賓館招待中外人士大除夕晚餐會，非常熱鬧，余與趙副委員長因時間太久，先退席。

民國日記 44

吳忠信日記（1940）

The Diaries of Wu Chung-hsin, 1940

原　　　著	吳忠信
主　　　編	王文隆
總 編 輯	陳新林、呂芳上
執行編輯	李佳若
文字編輯	張傳欣、蔣緒慧
封面設計	陳新林
排　　　版	溫心忻

出　　　版　　開源書局出版有限公司

香港金鐘夏慤道 18 號海富中心
1 座 26 樓 06 室
TEL：+852-35860995

民國歷史文化學社 有限公司

10646 台北市大安區羅斯福路三段
37 號 7 樓之 1
TEL：+886-2-2369-6912
FAX：+886-2-2369-6990

http://www.rchcs.com.tw

初版一刷　2020 年 8 月 31 日
定　　　價　新台幣 350 元
　　　　　　港　幣 90 元
　　　　　　美　元 13 元
I S B N　978-986-99448-2-3
印　　　刷　長達印刷有限公司
　　　　　　台北市西園路二段 50 巷 4 弄 21 號
　　　　　　TEL：+886-2-2304-0488

國家圖書館出版品預行編目 (CIP) 資料

吳忠信日記 (1940) = The diaries of Wu
Chung-hsin, 1940 / 吳忠信原著 . -- 初版 .
-- 臺北市 : 民國歷史文化學社 , 2020.08

　　面；　公分 . -- (民國日記 ; 44)

ISBN 978-986-99448-2-3(平裝)

1. 吳忠信　2. 傳記

782.887　　　　　　　　　　109012509